Weihnachten 2016

Reisen bedeutet, Grenzen zu überwinden.
Reisen bedeutet, sich zu begegnen.
Reisen bedeutet, frei zu sein.

Friedliche, besinnliche Festtage und alles erdenklich Gute
wünschen Ihre Gepäck Spezialisten aus Hamburg,

travelite TITAN®

Impressum

Titel	Kochabende – Rezepte und Geschichten von Geflüchteten
Text & Idee	© Prof. Dr. Silya Nannen-Ottens
Fotos	© Ilka Mamero, Anuschka Walther, Christoph Walther, Ariane Reichard, Herwig Lührs
Gestaltung & Layout	© Ilka Mamero
Lithografie	Sven Mamero. PX2 @ Medien GmbH
Lektorat	Stephanie Nannen
Herstellung	Druckerei Weidmann, Hamburg

Hinweis: Alle Rezepte und Informationen in diesem Buch stammen von den Geflüchteten. Sie wurden von den Projektmitwirkenden sorgfältig aufgenommen und nochmals geprüft, dennoch kann keinerlei Garantie für Vollständigkeit und Korrektheit übernommen werden. Eine Haftung der Projektmitwirkenden oder von Klein Borstel hilft e. V. für Personen-, Sach- und Vermögensschäden ist ausgeschlossen.

1.Auflage 2016 © Klein Borstel hilft e. V.
ISBN 978-3-00-054518-4

KOCHABENDE

REZEPTE & GESCHICHTEN VON GEFLÜCHTETEN

DANK

Mohammad, Togha, Mostafa, Awet, Muhanad, Fathya, Abd Al Rahman, Leila und Leila, Nemat, Michaele, Yamama, Mohamad, Omar und Omar, Rola, Haifa, Hyam, Lulu, Seam, Amer, Mehrzad, Kourosh, Fahima, Almaz, Hellen, Saleh, Reza, Zakia, Hamida, Hisham, Samer, Bassam, Reza, Shakilah, Nasim und Yahyah – Euch allen gilt mein tief empfundener Dank. Danke dafür, dass ihr mich berührt habt mit eurem Mut, eurer Tapferkeit, eurem Lebenswillen und eurer Lebensfreude, eurem Durchhaltevermögen, eurer Offenherzigkeit, eurer Freude und Hingabe. Und danke für euren Wunsch, für uns zu kochen und etwas zurückzugeben. Ich danke euch dafür, dass ihr nicht nur euer zubereitetes Essen geteilt habt, sondern auch eure Erfahrungen und Lebensgeschichten.

Die vielen gemeinsamen Abende mit euch fremden, wunderbaren Köchinnen und Köchen waren aufregend, spannend, traurig, bewegend, fröhlich, gemütlich, lehrreich und immer einzigartig. Jeder von euch hat mein Herz geöffnet. Nicht nur eure verschiedenen Nationalitäten, Altersgruppen und Persönlichkeiten haben die Kochabende so bunt gemacht, sondern auch die jeweils neue Herausforderung der sprachlichen Verständigung. Wie schnell viele von euch unsere Sprache erlernt haben!
Einige von euch haben uns in ihre Unterkünfte eingeladen. Ihr habt uns aufgenommen in eure Zimmer und Einblick gegeben in euer Zuhause. Danke für das Vertrauen.

Besonderer Dank gilt meinen Studierenden, die mit Begeisterung und Motivation dieses Projekt mit mir angegangen sind. Euer persönliches Engagement, die Bereitschaft trotz anstrengender Tage an der Uni abends oder am Wochenende noch zu kochen, sind beispielhaft. Nicht zu vergessen euer Kocheinsatz für unser „Abschiedsfest mit deutschen Gerichten" – einfach großartig! Danke für eure Hilfe bei der Vorbereitung, Organisation und Gestaltung der Kochabende. Ich weiß, dass die Gespräche und die Schicksale für manch einen schwerer zu verdauen waren als die üppigen Mahlzeiten.

Mein besonderer Dank gilt Klein Borstel hilft e. V. und dem Herzen der Organisation Ilka Mamero. Ohne Dich, Ilka, hätte das Projekt so nicht stattfinden können. Der Verein hat unfassbar viel Einsatz in den letzten Monaten des Jahres 2015 gezeigt, als das leerstehende Pastorat in Klein Borstel innerhalb von 24 Stunden zu einer Transitunterkunft für etwa 50 Flüchtlinge hergerichtet werden musste. Mittlerweile dient das Pastorat nicht mehr als Notunterkunft, sondern als Begegnungszentrum für Flüchtlinge und engagierte Klein Borsteler. Vielen Dank dafür, dass wir die kleine Küche im Pastorat nutzen durften, und alle anderen Tanz- und Café-Gruppen die intensiven Bratgerüche ertragen haben, die oft tagelang durch die Räume waberten. Ich danke dir, Ilka, du hast so viel Einsatz, Spaß, Herz, Kreativität und Know-how in das Projekt gebracht und das vorliegende Buch wunderschön grafisch gestaltet.

Ich danke Anuschka und Christoph Walther, die als einfühlsames und herzliches Fotografen-Team an vielen Kochabenden unterstützt haben. Es war für mich immer besonders schön, mit Euch die bewegenden Momente teilen zu können. Danke auch für diese stimmungsvollen Fotos.
Vielen Dank auch an die Fotografen Ariane Reichardt und Herwig Lührs. Danke für euren Einsatz – sogar an Wochenenden. Und das, obwohl ihr beide Familie habt. Und natürlich danke für die schönen Fotos.

Ein großer Dank gilt auch meiner lieben Schwägerin, der Journalistin Stephanie Nannen, die sich sofort angeboten hat, das Lektorat meiner Texte zu übernehmen. Danke für deine Mühe, deine Ausdauer und die tollen Vorschläge.
Ganz besonderer Dank gebührt Sven Mamero der Firma PX2 Hamburg, der in seiner Freizeit die komplette Bildbearbeitung des Buches übernommen hat.
Ich danke auch Alexander Bütow, dem Geschäftsführer der Druckerei Weidmann, für die Unterstützung des Projekts durch eine großzügige Preiskalkulation.
Danke auch an Janina Friebel und Alicia Tesche von „Welcome to Wandsbek" und an Bärbel Adolphs vom „Wandsbeker Kulturschloss e. V.", die uns einige Kontakte zu Geflüchteten überhaupt erst ermöglicht haben.
Besonderer Dank geht an Sabine und Claus Gravenhorst. Ihr habt euch sehr für die Kochevents in der Teeküche der Unterkunft in Bergstedt eingesetzt. Darüber hinaus möchte ich euer großartiges Engagement für die Geflüchteten in dieser Unterkunft erwähnen.
Ich danke Tannaz, Bilal und Mahmoud, die an manchen Abenden als Übersetzer ausgeholfen haben, und auch Niels Geib, einem Studenten der Leuphana Universität, der sich um Fördergelder für das Projekt bemüht hat.
Es ist mir ein Anliegen allen Sponsoren zu danken, die für unser Abschlussfest Lebensmittel gespendet oder Küchengeräte zur Verfügung gestellt haben:

Silke Lange (Handelshof Hamburg GmbH & Co. KG Betriebsstätte Harburg), Andreas Rühlicke (Dorint Hotel Hamburg Eppendorf), Birgit Vollstädt (Bäckerei & Konditorei Vollstädt GmbH Klein Borstel), Jan Hayunga (Hayunga's EDEKA Center GmbH), Andreas Kähler (Ernst Kähler OHG), Patrick Marker (Marker OHG) und der Lindenbazar Handels GmbH.

Und vor allem danke ich meinem Mann, dessen Herz von Anfang an genauso begeistert und leidenschaftlich für das Projekt geschlagen hat wie meins. Danke, Oliver, dass Du mich immer bei all meinen Vorhaben und Ideen so unterstützt.

Silya Nannen-Ottens im September 2016

Prof. Dr.
Silya Nannen-Ottens
Professorin für Ernährungswissenschaften an der HAW Hamburg

Die Idee zu diesem Projekt kam mir im November 2015, als die Flüchtlingswelle gerade ihren Höhepunkt erreicht hatte und die Zustände in Griechenland chaotisch und kaum noch zu bewältigen waren. Die dramatischen Bilder schockierten und verfolgten mich oft tagelang. Was wäre, wenn ich mit meiner Familie vor Krieg und Verfolgung fliehen und in der Fremde eine neue Existenz aufbauen müsste? Was bleibt, wenn das gewohnte Leben zurückgelassen werden muss? Mir wurde klar, dass sich die Geflüchteten nicht nur von Hab und Gut trennten, nicht nur von ihrem sozialen Status und ihrem Alltag. Sie haben oft auch einen wichtigen Teil ihrer Selbst zurückgelassen, ihre Profession, ihre Kompetenzen, die hier in ihrem neuen Leben nicht abgerufen werden. Sie sind in Sicherheit, aber der Alltag hier verlangt oft lähmende Untätigkeit von ihnen. Wie schwierig wäre es für jeden von uns, wenn wir nicht mehr zeigen könnten, wer wir sind?

Essen ist Kultur und Heimat. Wieviel Wohlgefühl ein gemeinsames Mahl in vertrauter Runde bereiten kann, ist jedem von uns bekannt. Und so lag fast auf der Hand, was ich tun kann. Ich kann Menschen einladen, ihnen begegnen, ihnen zuhören und gemeinsam mit ihnen ihr Lieblingsessen kochen. Ich kann zeigen, dass ihre Kultur willkommen ist, dass sie willkommen sind. Dass ich ihre (Koch-)Fähigkeiten wertschätze und mir Zeit nehme, ihre Kultur kennenzulernen.

Wieviel mir diese Abende dann wirklich bedeuten und wie sehr sie mich erfüllen würden, habe ich nicht geahnt. Die gemeinsamen Gespräche und Momente gingen mir nicht aus dem Kopf, nicht aus dem Herzen. Es waren nicht nur die schweren Schicksale, die mich berührten. Vielmehr beeindruckten mich die positive Kraft, die Zuversicht und die Hoffnung, die Fröhlichkeit, der Lebensmut, die Offenheit und die Freude an Geselligkeit, die diese Menschen zeigten.
Ich hoffe, dass ich mit diesem Buch etwas von diesen Momenten weitergeben kann. Und ich würde mich freuen, wenn das Lesen, das Kochen und das Essen der Lieblingsgerichte für jeden eine Begegnung mit diesen Menschen sein kann.

Silya Nannen-Ottens

Ilka Manero
1. Vorsitzende von Klein Borstel hilft e.V.

Es war mir ein große Freude, als Vorsitzende von Klein Borstel hilft e.V. an diesem interkulturellen Projekt beteiligt zu sein. Der Verein ist nun seit fast einem Jahr aktiv mit den Themen Integration und Miteinander beschäftigt, was das Leben vieler Menschen in unserem kleinen Stadtteil bereichert hat. Liebe Silya, danke, dass Du Dich mit der Idee für dieses wunderbare Kochbuch an uns gewendet hast. Zum Glück konnte ich zu Beginn nicht ahnen, wie arbeitsintensiv die kommenden Monate dadurch sein würden. Aber: Ich habe jeden Moment genossen – ob wild, ob still, ob lustig oder nachdenklich. Danke an die Köchinnen und Köche für das Vertrauen, ihnen mit der Kamera so nah kommen zu dürfen sowie ihre ganz persönlichen Geschichten zu erzählen. Ich wünsche allen Lesern viel Spaß und Erfolg beim Nachkochen.

Ganz wichtig ist mir der Dank an die Kirchengemeinde Maria Magdalenen und hier im Besonderen an Jens Diercks und Pastor Dr. Detlef Melsbach. Die beiden hatten im Herbst 2015 die Idee, das damals leerstehende Pastorat als Notunterkunft für Transit-Flüchtlinge am Hamburger Hauptbahnhof zur Verfügung zu stellen. Die Koordination wurde Klein Borstel hilft e.V. anvertraut und mit Hilfe von vielen guten Freunden, Helfern und Spendern konnten im November und Dezember rund 900 Geflüchtete an vierTagen in der Woche untergebracht und versorgt werden. Mittlerweile ist das Pastorat zur Begegnungsstätte geworden: Café, Deutschunterricht, Kulturaustausch, Musik, Tanz, Gärtnern, Sportgruppen und auch die Fahrradwerkstatt (im Neubaugebiet) sind besondere Treffpunkte für Menschen aus dem Stadtteil geworden – für Alteingesessene und neue Nachbarn gleichermaßen. Vielen Dank auch an das Kompetenzteam im Vorstand, dass das erscheinen dieses Buches mit viel Einsatz realisiert hat.

Last but not least möchte ich meiner Familie danken. Lieber Sven, liebe Lilly und lieber Nick. Es ist bei mir in letzter Zeit oft spät geworden. Ohne eure Unterstützung und euren Rückhalt hätte ich das alles nicht geschafft. Dass auch Ihr euch engagiert, erfüllt mich mit Stolz und Liebe.

I. Manero

ORTE

INHALTSVERZEICHNIS

EINLEITUNG

Das vorliegende Buch ist entstanden aus einem Projekt, das unter der Leitung von Prof. Dr. Silya Nannen-Ottens gemeinsam mit Ilka Mamero, der Vorsitzenden von „Klein Borstel hilft e. V.“, zwölf Studierenden der Universität Hamburg (Master-Studiengang „Lehramt berufsbildende Schulen, Fachbereich Ernährungs- und Haushaltswissenschaften“) und zahlreichen ehrenamtlichen Helfern realisiert wurde. Viele der Studierenden haben vor ihrem Studium eine Ausbildung im Bereich Hotellerie oder Gastronomie absolviert, einige sind ausgebildete Köchinnen oder Köche.

Die Kontakte zu den Geflüchteten haben überwiegend ehrenamtliche Helfer hergestellt. Organisation und Koordination übernahm ein Studierendenteam. Jeder Koch bekam für „seinen“ Abend eine studentische Kochpatin oder einen Kochpaten zur Seite gestellt, damit alle Zutaten und Zubereitungsschritte dokumentiert werden konnten. Ausnahmslos alle unsere Köche kochen ohne Rezept nur nach Gefühl, sodass die Mengen der Zutaten und die Dauer der Zubereitungsschritte erst berechnet werden mussten, damit daraus ein Rezept werden konnte. Jedes einzelne Rezept wurde von den Projektteilnehmern noch einmal nachgekocht, um die Mengenangaben und die Kochanleitung zu überprüfen.

Die Gruppe traf sich an verschiedenen Orten. Viele Kochabende fanden in der Küche des Pastorats in Hamburg Klein Borstel statt, andere in der Teeküche der Unterkunft in Hamburg Bergstedt oder in Unterkünften von Geflüchteten. Die benötigten Zutaten besorgten die teilnehmenden Köche selbst. Die Auslagen wurden erstattet.

Die im vorliegenden Werk vorgestellten Rezepte stammen von den teilnehmenden Köchinnen und Köchen, auch deren Benennung. Oft sind es Familienrezepte aus der Heimat, die nirgendwo niedergeschrieben sind, sondern von Müttern an ihre Kinder – meistens an die Töchter – weitergegeben wurden. Unstimmigkeiten bei der Zubereitung oder eine abgewandelte Schreibweise sind daher nicht ausgeschlossen. Teilweise wurden den Rezepten Ergänzungen zugefügt, die sich aus der nachträglichen Recherche zu Gewürzen oder Zutaten ergaben. Diese sind entsprechend gekennzeichnet.

Da einige der verwendeten Zutaten nicht in gängigen Supermärkten erhältlich sind, wurde diesem Buch eine Liste mit verschiedenen Läden beigefügt. Diese Liste führt nur eine Auswahl der Einkaufsmöglichkeiten im Hamburg auf und erhebt keinen Anspruch auf Vollständigkeit. Sämtliche Zutaten sind ebenfalls über das Internet zu beziehen.

Alle Inhalte der hier vorgestellten Geschichten entstammen aus den Erzählungen der Geflüchteten und werden ohne politische Wertung wiedergegeben.

MOHAMMAD

38 Jahre aus Syrien

MANDI FALAFEL & HUMMUS

Als wir Mohammad in der Küche antreffen, hat er nicht nur die Zutaten und aromatischen Gewürze für sein Gericht dabei, sondern auch ein eigenes Messer, das fein säuberlich in ein Geschirrtuch gewickelt und mit einem Gummiband fixiert ist. Das hat seinen Grund: Mohammad kocht, seitdem er zwölf Jahre alt war. Sein Vater, ein leidenschaftlicher Hobbykoch, gab die Liebe für gutes Essen und erste Tipps für dessen Zubereitung an seinen Sohn weiter. Während Mohammad uns die Zutaten vorstellt, wirft er sich eine Kardamomkapsel in den Mund und zerkaut sie. Auch uns lässt er in die Tüte greifen, aber die Kapsel im Ganzen zerkauen? Das ist für unseren Gaumen zu viel und so teilen wir uns die kleinen dunklen Körner, die sich in einer Kapsel befinden, über den Abend hinweg auf.

Dass Mohammad mehr als nur ein Hobbykoch ist, merken wir spätestens, als er beginnt, mit dem Messer die Zwiebeln in einer unglaublichen Geschwindigkeit in äußerst feine Würfel und Streifen zu schneiden. Zwischendurch erklärt er immer wieder Arbeitsschritte, begründet und fragt unser Wissen ab. Wir fühlen uns fast wie in einem syrischen Kochkurs und nehmen seine Äußerungen begierig auf. Er erklärt uns, dass man mit zunehmender Erfahrung spürt, wann der Reis fertig ist oder ob die Chili, an der man riecht, sehr scharf oder weniger scharf ist. Seine Handgriffe sind durchdacht und routiniert. Die Küche ist sein Zuhause.

Die Lehrjahre bei seinem Vater trugen schnell Früchte. Im Alter von 16 Jahren besaß Mohammad sein erstes Restaurant und kurz darauf das erste Auto. Einen Mazda 929. Dazu fehlte ihm damals allerdings der Führerschein, erzählt er mit einem Grinsen. Zwei Jahre später begann er Jura zu studieren. Und irgendwie scheint Mohammad noch Zeit für ein zweites Studium gefunden zu haben. Die Wahl fiel auf Hotelmanagement und Gastronomie. 2005 eröffnet der mittlerweile bekannte Koch sein zweites Restaurant: Fresh and delicious. Im syrischen Fernsehen hatte Mohammad außerdem seine eigene Sendung, in der er internationale Gerichte kochte.

Der Krieg in Syrien hat für den jungen Mann alles verändert. Hier in Deutschland kocht Mohammad meist für sich und seine Familie, manchmal auch für größere Gesellschaften. Es hat sich herumgesprochen, dass der freundliche Syrer sein Handwerk versteht. Er erzählt uns von einer Veranstaltung, bei der er eine Gruppe Hamburger Politiker mit seinen Kochkünsten verwöhnt habe. Eine Dame sei auf ihn aufmerksam geworden, als er im Flüchtlingsheim Falafel zubereitete. Wenige Tage später habe sie ihn kontaktiert, um ihn zu bitten, auch für sie und einige Parteimitglieder zu kochen. Er sagte zu und stellte zwölf Kilo dieser köstlichen, knusprigen Bällchen her.

Wir möchten von Mohammad wissen, ob Mandi eine Bedeutung hat. Seinen Erklärungen folgend vermuten wir, dass Morgentau die deutsche Übersetzung ist. Der Anblick der Hühnerbeine, die von Sud und Fett tropfen, wenn man sie mit Joghurtmarinade bestreicht, erinnert an Wassertropfen auf Blättern am Morgen nach einer kalten Nacht - den Morgentau.

Mohammad hat Pläne. Kleine und große. Am liebsten würde er sein eigenes Restaurant in Hamburg eröffnen, damit die Menschen endlich den Geschmack der echten syrischen Küche kennenlernen. Denn das – so findet er – gibt es in Hamburg noch nicht. Als nächstes wird er sich erst einmal an Auberginenmarmelade versuchen. Er gibt uns den Tipp, das Fruchtfleisch vorher in kalkhaltigem Wasser zu kochen, damit es seine Struktur behält und nicht matschig wird. Das klingt sehr ungewöhnlich. Aber Mohammad ist überzeugt. Außerdem möchte er Zitronenmarmelade kochen. Davon hätten wir zu gern auch ein Glas.

REZEPT *Mandi*

Zutaten 6 Personen

für das Huhn

- 5 Hähnchenschenkel
- 1-2 Zwiebeln
- 1 getrocknete Limette
- ½ Zimtstange
- 5 Kardamomkapseln
- 5 Nelken
- ½ grüne Spitzpaprika
- 2 Lorbeerblätter
- 5 EL Joghurt
- Paprikapulver
- Mandi-Gewürzmischung (getrockneter Knoblauch, Harissa, gem. Koriander, Kurkuma, roter Pfeffer)
- Kreuzkümmel
- Weißer Pfeffer
- Chilisauce
- Salz

für den Salat

- 3 Zwiebeln
- 5 Tomaten
- ½ Knolle junger Knoblauch
- 1 rote Paprika
- 1 gelbe Paprika
- 1 lange grüne Paprika
- Sumach Gewürz
- 1 Handvoll glatte Petersilie

für den Reis

- 500 g Basmatireis
- 1 Nelke
- 2 Kardamomkapseln
- ½ grüne lange Paprikaschote
- 1 EL Orangenblütenwasser
- 1 g Safran

außerdem

- 1 Stk. Holzkohle (alternativ Shisha Kohle)
- Alufolie
- Rapsöl

Zubereitung

Huhn

Für das Huhn 1-2 Zwiebeln schälen und in kleine Würfel schneiden. Hähnchenschenkel waschen und trocken tupfen. Die Zwiebelwürfel in einem Topf in 3 EL Rapsöl anschwitzen. Die Schenkel nacheinander auf der Hautseite dazulegen, anbraten und kurz wenden. Alle Schenkel in den Topf legen und so viel Wasser angießen, dass sie gerade so bedeckt sind. Zimtstange, getrocknete Limette (angedrückt), Nelken, Kardamom, Lorbeerblätter und eine lange grüne Paprika im Ganzen dazugeben.

Alles für ca. 45 Minuten kochen lassen. Noch nicht salzen, da das Hühnchen sonst zäh wird. Es darf ruhig sprudelnd kochen – desto mehr Geschmack geht in die Brühe, die auch für den Reis verwendet wird. Kurz vor Ende der Kochzeit Salz hinzugeben. Pro kg Gesamtmenge rechnet Mohammad 1-2 TL Salz.
In der Zwischenzeit den Joghurt kräftig mit Mandi-Gewürz, Kreuzkümmel, weißem Pfeffer, Chilisauce und Salz würzen und beiseite stellen.

Ein Stück Kohle auf einer Herdplatte zum Glühen bringen.
Wenn die Hähnchenschenkel gar sind (das Fleisch sollte sich leicht vom Knochen lösen lassen), aus der Brühe nehmen (Brühe abseihen und beiseite stellen) und auf ein Ofengitter legen. Ein Blech darunter platzieren. Nun die Schenkel auf der Hautseite gut mit dem Joghurt bestreichen und in den auf 230 °C vorgeheizten Ofen schieben. Nach ca. 5 Minuten die Hitze auf 180 °C reduzieren und die Hühnerhaut ca. 30 Minuten bräunen. Anschließend aus dem Ofen nehmen. Aus einem Stück Alufolie eine kleines „Schälchen" formen, 2 EL Pflanzenöl hineingegeben und die glühende Kohle hineinlegen. Die nun qualmende Kohle zwischen die Hähnchenschenkel legen und alles sofort mit Alufolie abdecken, sodass der Rauch sich um das Huhn legen kann[1]. Die Kohle nach ca. 15 Minuten entfernen.

Tipp: Das Gericht kann mit einer Sauce aus geschlagener Sahne, feinen Zwiebelwürfeln, kleingehackter Gurke, Knoblauch, Zitrone, Salz, frischen Kräutern und Minze serviert werden. Knoblauch und Salz werden dafür mit dem Messer zu einer „Paste" zerdrückt.

Reis

Den Reis in stehendem kalten Wasser waschen, ihn dabei behutsam durchschwenken, damit er nicht bricht. Das Wasser wird dabei ca. zehnmal gewechselt. Zuletzt wird der Reis mit 1 EL Salz in kaltem Wasser bis zur Verwendung (½–1 Stunde) beiseitegestellt. Das intensive Waschen verhindert, dass der Reis später beim Kochen klebrig wird. Das Stehenlassen in Wasser bewirkt bereits ein Quellen des Reiskorns, wodurch die Garzeit später verkürzt wird.

Vor der Verwendung den Reis noch einmal waschen, dann abgießen.

Die benötigte Menge an Hühnerbrühe abmessen: Auf 1 Tasse Basmati Reis 1 ¼ Tassen Flüssigkeit. Für 500 g Reis werden also 3 Tassen Brühe abgemessen und zum Kochen gebracht. Außerdem wird dazugegeben: 1 Nelke, 2 Kardamomkapseln, 1 grüne lange Paprikaschote, der Tropfsud des Hühnchens aus dem Ofen und 1 EL Rapsöl, damit der Reis später schön glänzt. Den Reis dazugeben. Aufkochen lassen, Temperatur dann auf mittlere Hitze reduzieren. Wenn keine Flüssigkeit mehr sichtbar ist, die Hitze nochmals reduzieren (kleinste Stufe). Den Reistopf mit zwei Lagen Handtüchern bedecken und vom Herd nehmen. 15 Minuten ruhen lassen.

In der Zwischenzeit 1 g Safran[2] mit 1-1 ½ EL Orangenblütenwasser mischen.

Nach den 15 Minuten den Safran abseihen und den Sud in den Reis gießen. Aus einem Stück Alufolie erneut ein kleines Schälchen formen und ein glühendes Stück Kohle gemeinsam mit 1 EL Pflanzenöl einfüllen und in den Reis setzen. Sofort den Deckel auflegen und 15 Minuten ziehen lassen, sodass der Reis ein rauchiges Aroma bekommt. Die Kohle entfernen und den Reis vorsichtig umrühren. Es entsteht eine Mischung aus gelben und weißen Reiskörnern.

Weiter auf der nächsten Seite —>

REZEPT *Gemüsesalat zum Mandi*

Gemüsesalat

Paprikaschoten auf einer heißen Herdplatte rundherum rösten, sodass die Schale komplett schwarz verkohlt ist. Alternativ kann dies auch mit einem Bunsenbrenner oder im Ofen mit starker Oberhitze/Obergrill unter mehrmaligem Wenden gemacht werden. Die Schoten anschließend zum „Schwitzen" in eine Plastiktüte legen und diese gut verschließen. Dadurch zieht das Raucharoma in das Paprikafleisch. Nach ca. 15 Minuten kann die Schale unter fließendem Wasser leicht mit einem kleinen Messer abgekratzt werden. Die Paprika von Kernen befreien und in grobe Streifen schneiden. Beiseite stellen.

Zwei Zwiebeln in Ringe schneiden und in eine Auflaufform legen. Bei maximaler Temperatur im Ofen garen. Sie sollen Farbe und Röstaromen bekommen. Nach ca. 20 Minuten die Hitze auf 200 °C reduzieren.

Die Tomaten auf der Unterseite kreuzweise einschneiden und in eine Auflaufform legen. Eine halbe Knolle jungen Knoblauch dazulegen und alles für ca. 45 Minuten neben den Zwiebeln im Ofen backen. Die Tomaten anschließend häuten und vierteln und in einer Schüssel zerdrücken. Den weichen Knoblauch aus der Schale drücken und ebenfalls zerdrücken. Mit Kreuzkümmel und ca. ½ TL Salz würzen. 4 EL Olivenöl („eine kleine Hand voll") und eine Hand grob zerrupfte Petersilie, die Zwiebeln und die Paprika untermengen. Mit Sumach würzen.

Die Kohle wie für das Huhn und den Reis vorbereiten, in die Salatschüssel legen und diese mit Alufolie verschließen. Nach 5 Minuten die Kohle entfernen.

[1]So wird das rauchige Aroma erzeugt, welches bei der traditionellen Zubereitung des Gerichtes in einem mit Holzkohle befüllten Erdloch entsteht.

[2]Man weiß, dass es echter Safran ist, wenn die Fäden an der Oberfläche schwimmen.

REZEPT Tahini

Zutaten Die Menge reicht für einen guten Vorrat der leckeren Sesampaste.

- 1 kg Sesam
- 3 EL Mehl
- 1,5 Tassen Sesamöl

Zubereitung

Sesam mit dem Mehl ohne Fett in einer Pfanne nur leicht rösten. Vorsicht: Wird der Sesam zu dunkel, schmeckt die Paste bitter! Das Ganze noch heiß mixen und währenddessen das Öl dazugeben, sodass eine cremige Paste entsteht.

Tahina ist eine Paste aus geröstetem Sesam, die sich unter anderem hervorragend in Saucen macht, die zu Falafel gereicht werden. Man kann sie kaufen oder auch ganz leicht selbst herstellen und die Bezeichnungen „Tahina" oder „Tahin" sind ebenso richtig.

REZEPT Falafel mit Hummus

Zutaten 4-6 Personen

für die Falafel
- 500 g Kichererbsen (16 Stunden in kaltem Wasser im Kühlschrank einweichen, dabei alle drei Stunden das Wasser wechseln. Sie quellen auf ca. das Doppelte auf.)
- ¼ Bund Petersilie
- ¼ Bund Koriander
- 2 TL gemahlene Koriandersamen
- 1 ½ TL Salz
- 1 ½ TL gemahlener Anis
- 1 ½ TL gemahlener Kreuzkümmel
- ½ Knolle Knoblauch (Zehen mit Schale)
- 1 ½ TL Natriumhydrogenkarbonat (es bewirkt zum einen eine kürzere Kochzeit, zum anderen lässt es die Falafel aufgehen und schön knusprig werden)
- ½ Zwiebel, geschält, grob geschnitten
- 1 kleines Ei
- 2 kleine Hände voll Wasser
- ca. 6 EL Sesam

für den Hummus
- 1 Hand voll der eingeweichten Kichererbsen
- ½ Tasse Tahini (arabische Sesampaste, gekauft oder selbstgemacht)
- Salz
- Zitronensaft
- etwas Wasser

Zubereitung

Hummus

Für den Hummus eine Hand voll von den eingeweichten Kichererbsen in einen Topf mit kaltem Wasser geben. Zum Kochen bringen und ¼ TL Natriumhydrogenkarbonat zufügen.
Tipp: Um ein Überkochen zu verhindern, legt Mohammad einen Holzlöffel quer über den Topfrand. Traditionell köcheln die Kichererbsen leise über Nacht. Dann braucht man kein Karbonat.
Wenn die Kichererbsen weich sind, kurz abkühlen lassen. Tahini mit etwas Wasser in einem hohen Gefäß mixen. Die Kichererbsen dazugeben und fein pürieren. Mit Salz und Zitronensaft abschmecken. Bei Bedarf etwas mehr Wasser hinzufügen. Die Sauce sollte cremig-weiß sein. Abdecken und bis zum Verzehr im Kühlschrank aufbewahren.

Falafel

Für die Falafel alle Zutaten – außer den Sesam – in einer Schüssel mischen. Die Stiele der Kräuter werden nicht entfernt.
Alles nach und nach durch den Fleischwolf drehen, anschließend mit einem Stabmixer pürieren, damit die Masse fein wird und alles 30 Minuten stehen lassen.
Einen breiten Topf oder eine hohe Pfanne zur Hälfte mit Pflanzenöl füllen und dieses auf 180 °C erhitzen.
Mithilfe eines Falafel-Löffels oder mit der Hand flache Bällchen formen, mit dem Zeigefinger ein Loch in die Mitte drücken, eine Seite in Sesam drücken und im heißen Fett ausbacken, bis sie knusprig und gut gebräunt sind. Zwischendurch wenden.
In einem Sieb abtropfen lassen und mit Hummus servieren.

Variante „Falafelsandwich"

Neben den fertigen Falafel und Hummus werden dazu Tomaten- und Gewürzgurkenscheiben und dünne Pfannenbrote benötigt.
Pfannenbrote mit Hummus bestreichen, zerdrückte Falafel, Gurke und Tomate darauflegen und mit einem zweiten Pfannenbrot bedecken.
In einer heißen Pfanne von beiden Seiten kurz anrösten.
Vierteln und servieren.

Alternativ dazu kann das belegte Pfannenbrot auch zu einer Rolle aufgedreht werden und auf der Rollkante in der Pfanne geröstet werden.

Tipp: Eine weitere Sauce, die Mohammad spontan zu den knusprigen Bällchen gereicht hat, hat er aus Joghurt, Tahini, Granatapfelsirup und Salz zusammengerührt.

Tipp: Als syrisches Streetfood bezeichnet Mohammad einen kleinen, schnell zubereiteten Snack namens „Balila" aus 3 EL gekochten Kichererbsen, abgeschmeckt mit 1 TL Zitronensaft und ¼ TL Kreuzkümmel. Herrlich erfrischend!

AWET
27 Jahre
aus Eritrea

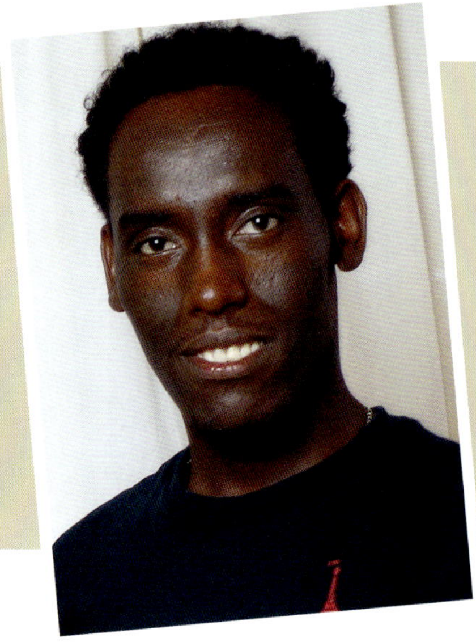

ALICHA AUF INJERA SALAT

Awet ist stolz auf seine erste Kartoffelernte. Seit etwa zwei Monaten beackert der junge Mann mit Freunden aus Eritrea ein kleines Stück Garten im Pastorat. Er mag körperliche Arbeit. Am liebsten wäre ihm ein Beruf, bei dem er täglich mit natürlichen Rohstoffen wie Holz oder Stein arbeiten könnte. Kochen macht ihm auch großen Spaß. Und so ist es heute nicht das erste Mal, dass Awet für viele Deutsche ein afrikanisches Gericht zubereitet. Er kocht gemeinsam mit seinem Freund Michaele sein Lieblingsgericht „Zigni und Alicha". Er ist voller Vorfreude, aber auch aufgeregt, weil er befürchtet, dass die eritreische Küche zu scharf für uns sein könnte.

Awet hat das große Glück, hier in Klein Borstel eine eigene kleine Wohnung gefunden zu haben. Die Nachbarschaft hat ihn sehr herzlich aufgenommen und steht jederzeit mit Rat und Tat zur Seite. Hilfe kann der afrikanische Mann gut gebrauchen – so viel deutsche Bürokratie macht ihm, der Tigrinya spricht und erst seit kurzem einen Deutschkurs besucht, zu schaffen.

Awet ist seit zwei Jahren in Hamburg und fühlt sich hier sehr wohl. Immer wieder betont der orthodoxe Christ, dass es ihn glücklich mache, hier zu sein. Eine Kirche habe er mittlerweile auch gefunden und so viele nette Menschen kennengelernt. Zu seiner Familie, zu der noch vier Schwestern, drei Brüder und seine Mutter zählen, hat er etwa einmal im Monat Kontakt. Sein Vater ist seit 25 Jahren Soldat. Und das wäre Awet heute auch, wäre er nicht aus Eritrea geflohen.

Als er 18 Jahr alt war, bekam er den Einberufungsbescheid. Zunächst versteckte er sich. Daraufhin wurde seine Mutter festgenommen und saß drei Monate lang im Gefängnis ein. Die Kinder waren auf sich gestellt und wussten kaum, wie sie den nächsten Tag überstehen sollten. Geld und Essen waren knapp. Irgendwann fasste Awet den Entschluss zu gehen. Gemeinsam mit vier anderen Männern machte er sich auf den Weg an die Grenze zu Äthiopien.

Seine Flucht klingt wie eine nicht enden wollende Fahrt voller Unsicherheit, Gefahr, Angst und dunkler Abgründe. In Äthiopien mussten sie fünf Monate lang bleiben. Es folgte ein Monat im Sudan. Anschließend wollten sie nach Libyen. An der Grenze drohte man jedoch, sie zu erschießen, wenn sie weitergingen. Eines Nachts taten sie es trotzdem. Was jetzt folgte, war für Awet die schlimmste Zeit. Das Vierteljahr in Libyen gehört zu den dunkelsten Momenten seines Lebens. Hier sah und erlebte Awet Dinge, über die er auch mit engen Vertrauten nicht sprechen kann.

Mit 190 Menschen in einem Bus fuhr er durch die Sahara, stieg als Nichtschwimmer in ein Schlauchboot, um das Mittelmeer zu überqueren. Mehrfach stand sein Leben auf dem Spiel. Die Rettung kam in Form eines Schiffes, das die Geflüchteten mit an Bord nahm. Von da an ging es schneller. Awet erreichte das Land

auf Sizilien und fuhr von dort aus weiter nach Rom, weiter mit dem Bus über Paris nach Hamburg. Er lacht, als er uns erzählt, dass der Bus in Hamburg von der Polizei gestoppt wurde und sich alle weigerten, ihn zu verlassen. Sie dachten, sie wären in Holland, sagt Awet, aber nach Holland wollten sie auf keinen Fall. Deutschland hieß das Ziel. Erst als die Polizisten ihre deutschen Ausweise zeigten, vertrauten sie ihnen. Endlich angekommen.

Eines der schönsten Erlebnisse hatte Awet an seinem ersten Tag in Hamburg. Er sollte vom Hauptbahnhof zur Sportallee und wusste nicht wie. Da half ihm ein fremder Mann auf der Straße, begleitete ihn und gab ihm 50 Euro. Einfach so.

REZEPT Alicha **Vegetarischer Eintopf**

Zutaten 4-6 Personen

- 400 g Kartoffeln (festkochend)
- 300 g Karotten
- 1 großer Weißkohlkopf
- 2 Zwiebeln
- ¼ Knolle Knoblauch
- 100 ml Sonnenblumenöl
- 2 EL Currypulver
- 2 EL Salz

Zubereitung

Die Zwiebeln fein würfeln und in einem großen Topf mit etwas Sonnenblumenöl anschwitzen. Sobald die Zwiebeln glasig sind, das restliche Öl hinzugeben, umrühren und mit Deckel garen.
Die Kartoffeln und die Karotten schälen, in kleine Streifen schneiden und zu den Zwiebeln in den Topf geben. Umrühren und bei geschlossenem Deckel weitergaren.

Den Weißkohl kleinschneiden und im selben Topf alles bei geschlossenem Deckel ca. 30 Minuten weiterkochen. Gelegentlich umrühren. Das Gemüse so lange garen, bis der Kohl weich ist.
Anschließend das Currypulver, Salz und die gepressten Knoblauchzehen unterrühren. Alles noch einmal einige Minuten bei geringer Hitze und geschlossenem Deckel ziehen lassen.

Tipp: Alicha wird mithilfe von Injera gegessen. Injera ist ein dünnes, gesäuertes, weiches Fladenbrot aus Mehl und Wasser. Da es über einen längeren Zeitraum gären muss, haben Michaele und Awet für dessen Herstellung zusätzlich Hefe verwendet. Das Brot erinnert von seiner Form an einen Pfannkuchen. Es wird in Stücke gerissen und anstelle von Besteck zum Essen verwendet. Rezept auf Seite 51.

Tipp: Alicha kann besonders gut mit Zigni (Seite 22) kombiniert werden.

REZEPT Gemischter Salat

Zutaten 4-6 Personen

- 2/3 Eisbergsalat
- ½ Salatgurke
- 2 große Tomaten
- ½ Zwiebel
- 4 EL Olivenöl
- 1 EL Salz

Zubereitung

Den Eisbergsalat in mundgerechte Stücke und die Zwiebel in Streifen schneiden. Gurke und Tomaten klein würfeln. Alles zusammen in einer Schüssel mit Olivenöl und Salz vermengen.

MICHAELE
24 Jahre
aus Eritrea

ZIGNI AUF INJERA

Das erste Mal im Leben Schnee sehen war für Michaele ein großes Erlebnis. Das habe ihn sehr beeindruckt. Die damit einhergehenden Temperaturen in Deutschland seien für ihn jedoch eine Herausforderung, sagt er. Vergangenen Winter habe er oft gefroren. Seine Frau Almaz und er sind vor sieben Monaten gemeinsam hier angekommen. Die politische Lage in Eritrea habe sie zur Flucht gezwungen, erzählt er. Die Route führte über Äthiopien, Sudan, Libyen und das Mittelmeer nach Italien. Die Schlepperkosten betrugen weit mehr als 5000 US-Dollar – ein Betrag, der vielen Menschen in seiner Heimat eine Flucht unmöglich macht.

Michaele mag die Deutschen – die Menschen seien freundlich, er wisse die Demokratie in Deutschland zu schätzen. Was ihm neu war, ist die feste Einhaltung von Mahlzeiten am Tag, Frühstück, Mittagessen, Abendbrot. Daran hat er sofort Gefallen gefunden und diesen Ablauf übernommen. Das Essen mit Besteck findet Michaele allerdings sehr umständlich. In seiner Heimat gäbe es dafür runde Fladen, mit denen man die Bissen vom Teller aufnimmt. Später beim gemeinsamen Essen zeigt er uns geschickt, wie das gelingt.

Ein weiterer Unterschied ist die Schärfe des Essens. Michaele weiß mittlerweile natürlich um den hierzulande eher empfindlichen Gaumen. Er hat deshalb nur die Hälfte des mitgebrachten scharfen Gewürzes für sein Gericht verwendet. Wenn es gar nicht scharf sein soll, kocht Michaele auch schon einmal Spaghetti Bolognese – die sind sogar zu seinem neuen Leibgericht geworden. Michaele hat zu Hause eine Ausbildung zum Automechaniker absolviert und in einer Werkstatt gearbeitet. Er verfügt aber über keinerlei Nachweise. Hier wäre er gern Baggerfahrer – am liebsten in einem Bergwerk. Wenn er davon erzählt, leuchten seine Augen. „Aber", sagt er dann, „dafür bräuchte ich einen Führerschein. Und der ist viel zu teuer."

REZEPT Zigni geschmortes Rindfleisch

Zutaten 4-6 Personen

- 2 kg Rindfleisch
- 5 Zwiebeln
- 300 ml Wasser
- 300 g passierte Tomaten
- 6 EL Tomatenmark
- ½ Knolle Knoblauch
- 2 EL Berbere-Gewürzmischung
- 2 EL Salz

Zubereitung

Die Zwiebeln fein würfeln und in einem großen Topf in etwas Öl anschwitzen.

Das Fleisch ebenfalls in Würfel (2x2 cm) schneiden und über einem Sieb abspülen.

Das Berbere-Gewürz mit 200 ml Wasser zu den Zwiebeln geben und aufkochen.

Nun die passierten Tomaten und das Tomatenmark hinzugeben und wieder aufkochen.

100 ml Wasser hinzugeben und erneut aufkochen. Fleisch jetzt hinzufügen und unterrühren. Ca. 30–45 Minuten köcheln lassen. Fleisch probieren und überprüfen, ob die gewünschte Zartheit erreicht ist. Knoblauch hinzufügen und für weitere 5 Minuten ziehen lassen.

Tipp: Michaele und Awet reichen dazu Injera. Das Rezept hierfür findet sich ebenfalls in diesem Kochbuch auf Seite 51.
Zigni kann besonders gut mit Alicha (Seite 20) kombiniert werden

LEILA
34 Jahre
aus Tunesien

TUNESISCHER COUSCOUS

Es ist sonnig und warm, ein paar Männer und Frauen stehen in Gruppen auf dem Hof der Containerunterkunft, in der wir heute zum Kochen verabredet sind. Leider haben alle Container die gleiche Hausnummer und wir kennen nur den Nachnamen unserer Kontaktperson. Was tun? Einige Bewohner bemerken unsere Ratlosigkeit und bieten sofort Hilfe an. Ein paar schwirren los, um uns bei der Suche zu unterstützen. Plötzlich weiß jemand Bescheid. Es geht ums gemeinsame Kochen? Ja, das ist Leila aus Tunesien, sie wohnt in einem der hinteren Container. Leila ist überrascht, als wir vor ihr stehen, freut sich aber sichtlich. Sie entschuldigt sich, hat gar nicht mit uns gerechnet und auch noch nicht eingekauft. Kein Problem. Nachdem sie uns auf ihrem Handy durch das zersplitterte Display gezeigt hat, was sie für uns kochen möchte, fahren wir los zum Einkaufen. Tunesischen Couscous mit Hühnchenschenkeln soll es geben. Leila wirft sich noch schnell ein buntes Kleid über und bindet sich ein passendes Kopftuch um. Für die Fotos möchte sie hübsch aussehen.

In der Unterkunft gibt es eine Gemeinschaftsküche mit zwei Herden für alle Familien. Die sind heiß begehrt. Und als wir dann auch noch mit Fotoapparat auftauchen, muss zunächst die Neugierde der Bewohner gestillt werden. Im Verlauf des Abends werden auf dem Nachbarherd tatsächlich noch einige köstliche Gerichte aus den verschiedensten Ländern von den Frauen für ihre Familien zubereitet. Wir spähen neugierig in die Pfannen, am liebsten würden wir sie alle in unser Kochbuch aufnehmen. Einige Frauen sind sehr zugänglich und erzählen von sich. Die Kinder auch. Besonders Maya, Leilas dreijährige Tochter. Maya ist in Frankreich geboren, wohnt aber seit 2013 mit ihrer Mutter in Hamburg. Leila hat noch drei weitere Kinder. Sie sind in Tunesien bei ihren Großeltern geblieben. Stolz zeigt Leila uns die Fotos ihrer Familie auf dem Handy. Auch ihre Hochzeitsbilder. Und Fotos von ihren Brüdern, die allesamt in Frankreich leben. Hier nach Deutschland kam nur sie. Leilas Mann ist gestorben. Zu Mayas Vater hat sie keinen Kontakt.

Immer wieder verschwindet Leila aus der Küche, um aus ihrem Zimmer Gewürze zu holen. Sie hebt sie in Tüten auf, große Tüten, leider ohne Aufschrift. Wir schnuppern, probieren, kennen diese Mischungen aber nicht. Die hat Leilas Mutter aus Tunesien geschickt. Großzügig streut sie die Gewürze in den brodelnden Topf. Das Kochwasser-Öl-Gemisch, in dem die Hühnerbeine schwimmen, färbt sich tief orange und duftet köstlich. Der Aufsatz für den Couscous, den sie nun auf den Topf setzt, ist uns nicht bekannt. Die „Couscousière" ist ein Küchengerät, das speziell für die Zubereitung von Couscous verwendet wird. Ein zwei- oder sogar dreiteiliger Topf mit einem Siebaufsatz zum Dämpfen. Der Couscous wird in das Sieb gegeben und im Topf werden gleichzeitig Fleisch, Gemüse und Soße gegart. Durch diese Zubereitungsart bleibt der Couscous körnig. Ganz fein rieselt er anschließend aus dem Sieb. Leila füllt ihn in die Schale und träufelt etwas Soße darüber. Dann vermischt sie alles mit der Hand. Jetzt wird die Paprika zur Dekoration verwendet, die sie extra in viel Öl und Salz angebraten hat. Leila spricht Arabisch und Französisch, wir leider nicht. Und so versuchen wir es mit einer Mischung aus Deutsch und Französisch, was meist ganz gut gelingt. Immerhin hat Leila schon den B1-Kurs beendet. „Große Katastrophe mit mir", sagt sie lachend. Finden wir nicht, besonders dann nicht, wenn wir an unsere Arabisch-Versuche denken. Leila ist eine Lebenskünstlerin, das verstehen wir auch ohne Worte. Unkompliziert, aufgeschlossen, herzlich, fröhlich. Sie ist glücklich hier in Wandsbek, sagt sie. Zuerst war sie mit Maya in Altona, da war es sehr laut und unruhig. Hier findet sie es schön. Ja, ihr Zimmer ist etwas voll, fügt sie

einschränkend hinzu, schließlich muss all ihr Hab und Gut hineinpassen. Kühlschrank, Gefrierschrank, zwei Betten, Schrank, Kisten, Tischchen, Fernseher…. Davon können wir uns überzeugen, als wir gemeinsam auf den Betten von Leila und Maya sitzen und das köstliche Mahl aus der großen Tonschale verspeisen. Es gibt nur Löffel zum Essen. Das Hühnchenfleisch ist jedoch so zart, dass man es problemlos vom Knochen lösen kann. Leila macht uns das vor. Einfach den Knochen in die Hand nehmen und abnagen. In Tunesien hat ihr erster Mann sie einmal in ein feines Restaurant eingeladen, erinnert sie sich. Da habe sie sich nicht getraut, das Hühnerbein mit der Hand zu essen. Aber als sie es mit Messer und Gabel versuchte, sei ihr der Schenkel vom Teller gesprungen. „Große Katastrophe mit mir", lacht sie. Immer wieder fordert sie uns auf nachzunehmen. Sie könne ja schließlich nicht alles allein essen. „Ich immer dicker", sagt sie, „große Katastrophe mit mir." Während des Essens schwärmt sie von anderen Gerichten. Und da ihr oft die deutschen Wörter nicht einfallen, holt sie die jeweiligen Zutaten rasch aus ihrem Gefrierschrank. Sie plant schon den nächsten Kochabend mit uns. Da soll es wieder Couscous geben, aber dann mit Fisch. Und dazu Suppe. Wir fragen noch nach ihrer E-Mail-Adresse, um ihr Geschichte und Rezept zur Freigabe schicken zu können. Sie schreibt uns alles auf. Wir stutzen, denn ihr Nachname ist nicht der, nach dem wir eingangs gefragt hatten. Unsere eigentliche Verabredung muss also irgendwo in diesen Containern auf uns gewartet haben. Das erklärt auch Leilas Überraschung, als wir vor ein paar Stunden plötzlich bei ihr zum Kochen vor der Tür standen. So ein Irrtum! Große Katastrophe mit uns.

REZEPT Tunesischer Couscous mit Hähnchen und Paprika

Zutaten 6 Personen

- 2-3 Gemüsezwiebeln
- 250 g passierte Tomaten
- 6 Hühnerschenkel
- 6 mittelgroße Kartoffeln
- 3 Zehen Knoblauch
- 750 g Couscous
- 3 bunte Paprika
- Pflanzenöl
- gemahlene Chilis
- Raz el Hanout (Couscous Gewürz)
- Kurkuma
- Salz

Zubereitung

2 EL Öl in eine Schüssel gießen. Die Zwiebeln schälen, vierteln und zu dem Öl geben. Mit etwas Salz bestreuen.

Die passierten Tomaten zusammen mit je 1½ EL gemahlenem Chili und Raz el Hanout würzen und mit den Zwiebeln vermengen. Im unteren Teil der Couscousière[1] etwa 500 ml Wasser erhitzen und die Zwiebel-Tomatenmischung dazugeben.

Die Hühnerschenkel waschen, häuten und im Gelenk teilen. Anschließend das Fleisch mit etwas Raz el Hanout einreiben und ebenfalls in den unteren Teil der Couscousière geben. Den Knoblauch schälen, halbieren und dem Sud zufügen. Dieser kocht nun für ca. 40-50 Minuten.

Den Couscous mit etwas Salz und einer Esslöffelspitze Kurkuma in eine große Schale geben. Vier Hände kaltes Wasser dazugeben und mit den Händen einarbeiten, bis der Couscous das ganze Wasser aufgenommen hat. Der Couscous sollte fein körnig sein und keine Klümpchen bilden. Den Couscous anschließend in den Dämpfaufsatz der Couscousière geben.

Die Kartoffeln schälen, etwa zur Hälfte einschneiden und zu dem Hähnchen geben. Evtl. noch etwas Wasser zugeben, bis alles knapp mit Flüssigkeit bedeckt ist. Alles weiterköcheln lassen, bis die Kartoffeln gar sind.

Wenn der Couscous gar ist, diesen in eine Schale füllen und etwas Sud ohne feste Zutaten darüber gießen. Mit den Händen einarbeiten, bis der Couscous den Sud aufgesogen hat. Mit einem Deckel abdecken und beiseite stellen.

Paprika waschen, entkernen und vierteln. Mit etwas Salz in viel Öl von beiden Seiten in einer Pfanne anbraten.

Anrichten: Den Couscous noch einmal durchmengen, anschließend in eine große Schale füllen. Darauf blumenförmig das Fleisch und die halbierten Kartoffeln legen und mit dem übrigen Hähnchensud übergießen. Mit der gebratenen Paprika garnieren. Dazu reicht Leila mit Mandeln gefüllte Oliven und empfiehlt einen Tomatensalat.

[1] Eine Couscousière ist ein spezieller Dämpftopf für die Zubereitung von Couscousgerichten.

Tipp: Wer keine Couscousière hat, kann das Huhn und den Couscous auch separat in Töpfen und Schälchen zubereiten. Dafür die gesalzenen Zwiebeln mit den passierten Tomaten, dem Öl, den Gewürzen und etwas Wasser in einen Topf geben und erhitzen. Die mit Raz el Hanout eingeriebenen Hühnerschenkel und den Knoblauch hineinlegen und mit Deckel 40-50 Minuten köcheln. Dann die Kartoffeln dazugeben und ggf. etwas Wasser nachgießen.

Der Couscous kann auch nach Verpackungsaufschrift in heißem Wasser quellen. Das Wasser mit Salz und Kurkuma würzen. Wenn der Couscous gar ist, wie beschrieben etwas von dem Hühnchensud untermengen und alles mit gebratener Paprika servieren.

ABD AL RAHMAN
47 Jahre
LEILA
42 Jahre
aus Syrien

KABSA
LINSENSUPPE
FASULYE
TABOULEH

Leila und Abd Al Rahman Houran sind spontan eingesprungen, als sie erfuhren, dass unser geplanter Koch kurzfristig abgesagt hat. Die beiden sind seit ein paar Monaten in Hamburg. Zuerst kam Abd Al Rahman mit seinem ältesten Sohn, dem 23jährigen Mohammad. Vater und Sohn sind lange unterwegs gewesen. In der der Türkei wurden ihnen 2000 Euro gestohlen und es sah zunächst so aus, als ob die Reise dort enden würde. Verwandte halfen. Und so ging es weiter über das Mittelmeer nach Griechenland und zu Fuß durch Mazedonien, Serbien und Österreich nach Deutschland. Etwa vier Wochen später folgte Leila mit den anderen vier Kindern – Omar, Rania, Said und Osman. Omar ist 18 Jahre alt. Er trug Osman auf den Schultern, denn der Bruder war noch nicht einmal drei Jahre alt, als sie sich auf den Weg nach Deutschland machten.

Abd Al Rahman und Leila kochen heute gemeinsam das arabische Kabsa. Das ist ein buntes Reisgericht mit wahlweise Huhn oder Lamm und Mandeln. Auf die Frage, ob Abd Al Rahman deutsches Essen möge, antwortet er zwinkernd, dass er dafür zunächst einmal eingeladen werden müsse. Er habe noch nie ein typisch deutsches Gericht gegessen. Das lässt sich doch mit Leichtigkeit ändern.

Während wir zusammenstehen und gemeinsam Mandeln häuten, erzählt der Familienvater von seinem Leben vor der Flucht. Dabei spricht er mit so viel Eifer, dass es fast keine Rolle spielt, ob wir jeden Satz verstehen. Es macht Spaß, neben ihm am Herd zu stehen, ihm zuzuhören und dabei in seine fröhlichen Augen zu schauen. Abd Al Rahman ist gelernter Bäcker, hat aber nie in diesem Beruf gearbeitet. Nach der Ausbildung habe er studiert und sei in Syrien Sportlehrer an einer weiterführenden Schule gewesen. Eine Aufgabe, die ihm viel Freude bereitet habe, erzählt er. Leila hat sich um die Kinder gekümmert. Sie lebten in Aleppo gemeinsam in einem Haus mit einem der vier Brüder Abd Al Rahmans. Außerdem hat er noch fünf Schwestern. Das Haus ist mittlerweile von Bomben zerstört. Bei dem Thema wird der Familienvater ernst. Er macht sich Sorgen um den Teil seiner Familie, der noch in Syrien ist. Jedes Mal, wenn ein Anruf aus Syrien auf seinem Handy eingeht, stehe sein Herz still, sagt er. Sieben

Verwandte starben im Bombardement, darunter sein Neffe und mehrere Cousins und Cousinen.

Da kommt Osman in die Küche gelaufen. Sein rechter Arm ist eingegipst. Ja, sagt Abd Al Rahman, es geschehe immer irgendetwas, um das er sich kümmern müsse. So viele Behördengänge in den ersten Monaten und so viel zu organisieren für die siebenköpfige Familie. Aber jetzt endlich könne auch er hier zur Schule gehen, um die fremde Sprache zu erlernen. Sein Sohn Omar spricht schon richtig gut Deutsch und noch besser Englisch. Er steht fast die ganze Zeit bei uns und übersetzt, wenn sein Vater oder wir nicht weiterkommen. In der rechten Hand hält der junge Mann eine kleine Gebetskette mit Perlen, die er geschickt hin und her bewegt. Omar hat konkrete Pläne für die Zukunft. Zunächst will er sich für eine Ausbildung bewerben, damit er in den drei Jahren perfekt Deutsch lernen kann. Er möchte Ingenieur werden und dafür in Aachen studieren. Da soll es die beste Uni für diesen Studiengang geben, wurde ihm erzählt. Am liebsten würde er irgendwann wieder nach Syrien zurückgehen, denn er möchte dabei helfen, sein Land nach dem Krieg wieder aufzubauen. „Aber das wird noch dauern", sagt er nachdenklich.

REZEPT Kabsa **Huhn mit Mandeln**

Zutaten 4 Personen

- 4 große Hähnchenschenkel
- 4 Kardamomkapseln
- 1 Stange Zimt
- 4 Lorbeerblätter
- 5 Zwiebeln
- 400 g Tiefkühlerbsen
- 400 g Karotten
- 3 Tomaten
- 1 Würfel Hühnerbrühe
- 500 g Basmatireis
- 200 g Mandeln
- 6 EL Ghee
- Kabsa-Gewürzmischung
- Currypulver
- Salz

Zubereitung

Die Hähnchenschenkel mit dem Kardamom, der Zimtstange, den Lorbeerblättern, einer geschälten, geachtelten Zwiebel und 2 EL Salz in einen großen Topf geben und mit Wasser bedecken. Bei geschlossenem Deckel für ca. 1 Stunde kochen lassen.

Den Reis waschen. Dazu den Reis in eine Schüssel geben und mit Wasser bedecken, umrühren und das Wasser wieder abgießen. Danach den Reis wieder mit Wasser bedecken, 1 EL Salz dazugeben und ca. 1 Stunde stehen lassen.

Die Tomaten vorsichtig mit einem Messer schälen und in Würfel schneiden. Karotten schälen und in Scheiben schneiden.

Die Mandeln mit heißem Wasser abspülen, in einem kleinen Topf mit Wasser bedecken und für 5 Minuten kochen. Anschließend das Wasser abgießen und die noch heißen Mandeln von der Schale befreien.

Die übrigen Zwiebeln fein würfeln. 3 EL Ghee in einem großen Topf erhitzen und die Zwiebelwürfel darin glasig anschwitzen. Die Karotten dazugeben und einen Deckel auflegen. Nach 5 Minuten die Erbsen und den Brühwürfel dazugeben. Gelegentlich umrühren. Nach 3 Minuten die Tomaten mit in den Topf geben.
Das Hühnchen aus der Brühe nehmen. Das Fleisch vom Knochen lösen, in Stücke zupfen und zu dem Gemüse in den großen Topf geben. Mit 1 EL Salz, 1 gehäuften EL Kabsa-Gewürz und 1 gestrichenen EL Curry würzen.

Das restliche Wasser vom Reis abgießen und den Reis auf das Hühnchen mit dem Gemüse geben. Dabei nicht umrühren.

Ca. 0,75 Liter der Fleischbrühe und 1 EL Curry darüber geben, den Deckel schließen und nochmals für ca. 15 Minuten kochen lassen.

3 EL Ghee in einer Pfanne erhitzen und die Mandeln darin goldbraun rösten.

Wenn der Reis fertig ist, alles miteinander vermengen und auf eine große Platte stürzen. Die gebräunten Mandeln darauf verteilen.

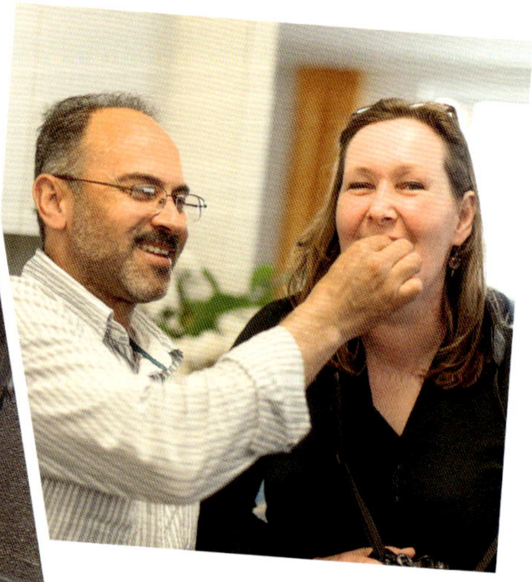

REZEPT *Rote Linsensuppe*

Zutaten 4 Personen

- 300 g rote Linsen
- 1 kleine Zwiebel
- ½ Salatgurke
- 1 EL Öl
- 1 kleine Kartoffel
- 1 L Wasser
- ½ Würfel Hühnerbrühe
- 1 TL Salz

Zubereitung

Gurke, Zwiebel und Kartoffel schälen. Die Gurke in dicke Scheiben schneiden, die Zwiebel vierteln und die Kartoffel würfeln. Zusammen in einen Topf in 1 EL Öl kurz anschwitzen. Linsen hinzugeben und mit 1 L Wasser aufgießen. Hühnerbrühe und Salz hinzugeben. Alles zum Kochen bringen und für ca. 20 Minuten köcheln lassen. Die Suppe abschließend mit einem Stabmixer sämig pürieren.

REZEPT Fasulye **grüne Bohnen**

Zutaten 4-6 Personen

- 500 g Stangenbohnen oder breite grüne Bohnen
- ½ Knolle Knoblauch
- 2 EL Olivenöl
- 500 g Tomaten
- ½ TL Kusbara (getrockneter Koriander)
- 1 EL Salz
- 1 TL Aci Biber Salcasi (scharfes Paprikamark)

für die Dekoration

- 1 Prise gemahlener Piment
- ½ Bund Radieschen
- ½ Gurke

Zubereitung

Die Bohnen putzen und in ca. 4 cm lange Stücke schneiden. Den Knoblauch schälen und mit einem Mörser zerstoßen.
2 EL Olivenöl erhitzen und darin ½ TL Kusbara sowie den Knoblauch anschwitzen. Die Bohnen dazugeben und ca. 10 Minuten dünsten lassen.

In der Zwischenzeit die Tomaten schälen und würfeln.
Die Tomatenwürfel mit 1 EL Salz und 1 TL Aci Biber Salcasi zu den Bohnen geben und für ca. 25 Minuten bei mittlerer Hitze kochen lassen.
Die Fasulye in einer großen Schüssel anrichten. Mit Radieschen und Gurkenscheiben dekorie-ren und zuletzt eine kleine Prise gemahlenen Piment darüber streuen.

Zu den Fasulye serviert Leila Reis.

REZEPT Tabouleh **Petersiliensalat**

Zutaten 4 Personen

- 3 Bund Petersilie
- 3 Lauchzwiebeln
- 1 EL gemahlener Kreuzkümmel
- 1 EL gerebelte Pfefferminze
- 1 EL scharfes Paprikapulver
- 1 TL Zitronensäure
- Saft von 2 Zitronen
- 2 Tomaten
- 150 g Bulgur (alternativ kann auch Couscous verwendet werden)
- 300 ml Brühe
- Olivenöl

Zubereitung

Den Bulgur in eine Schüssel geben und mit 300ml kochender Brühe übergießen. Abgedeckt etwa 20 Minuten garziehen lassen.
In einer Schüssel ca. 5 EL Olivenöl mit dem Kreuzkümmel, der Pfefferminze, dem Paprikapulver, der Zitronensäure und dem Zitronensaft verrühren.
Den Bulgur unterrühren und ca. 1 Stunde ruhen lassen.
Die Tomaten schälen und fein würfeln (alternativ können die Tomaten auch ungeschält bleiben). Die Lauchzwiebeln waschen und fein schneiden. Die Petersilie gründlich waschen. Etwa 1/3 der Petersilienstiele entfernen. Den Rest der Petersilie fein schneiden und in eine Schüssel geben.
Tomaten, Lauchzwiebeln und die Bulgur-Mischung zu der Petersilie geben und mit den Händen vorsichtig vermengen.
Den Salat auf einem Teller anrichten und je nach Geschmack mit Salz nachwürzen.

ROLA

27 Jahre
aus Syrien

GEMÜSE MIT LAMMHACK

Rola ist an diesem Abend aus Neugraben angereist, einmal quer durch Hamburg. Dort lebt sie jetzt mit ihrem Mann und den beiden Kindern, Leiz und Sana. Die lange Anfahrt hat sie auf sich genommen, um für uns ihr Lieblingsgericht zu kochen. „Es hat keinen Namen", sagt sie und lächelt, „es ist einfach bunt und lecker". Und dazu noch einfach und schnell zuzubereiten. Das ist eher die Ausnahme in der syrischen Küche, wie wir festgestellt haben. Ganz so schnell wie sonst geht es heute Abend mit dem Lieblingsgericht aber doch nicht. Der altersschwache Backofen im Pastorat braucht zu lange, um die hohen Temperaturen zu erreichen, die zum Garen der Kartoffelstückchen notwendig sind. Rola liebt Kochen. Besonders Süßspeisen und Desserts. Und die Musik von Céline Dion – ihre zweite Leidenschaft.

Seit neun Monaten leben die Vier hier in Deutschland. Gekommen sind sie über die oft gewählte Route – von Syrien in die Türkei, von dort aus mit dem Boot über das Mittelmeer nach Griechenland. Von Griechenland zu Fuß weiter über Ungarn, Österreich und Deutschland. Ein anstrengender, gefährlicher und langer Weg liegt hinter ihnen. Rolas Geschwister sind auch geflohen. Ihr Bruder lebt jetzt in Sidney, ihre Schwester ist von Libanon aus nach Andalusien geflohen.

Trotz gesundheitlicher Probleme fühlt Rola sich wohl in Hamburg. Vor allem, weil es ihren Kindern hier so gut geht, und weil sie nun alle in Sicherheit sind. Leiz lernt gerade Radfahren, Sana geht schon in die erste Klasse und hat in nur wenigen Monaten gut Deutsch gelernt. Und noch mehr: Als Rolas Mann später mit den beiden Kindern zum Essen kommt, staunen wir über das Klavierspiel aus dem Nebenraum. Auch das hat Sana in kürzester Zeit gelernt. Rola ist stolz auf ihre Kinder. Sie selbst lernt auch Deutsch in der Schule, spricht mit uns allerdings wenig in der für sie noch sehr fremden Sprache. Heute Abend findet sie Unterstützung in Bilal, einem syrischen Freund, der sie begleitet und für uns ins Englische übersetzt. Ab und an erzählt Rola so lebendig, dass wir nicken und mitlachen, obwohl wir eigentlich gar nichts verstehen. Als das Essen fertig ist und wir alle an der langen Tafel sitzen, ist es spät geworden. Hungrig essen wir das „bunte und leckere Gericht" bis zum letzten Bissen auf. Rolas Mann kommt, um sie abzuholen. Er würde Rola nicht mehr allein um diese Uhrzeit fahren lassen. Eine junge syrische Frau mit Kopftuch allein in der Bahn – das sei nicht sicher für sie, sagt er. Gemeinsam treten sie die lange Heimreise an.

REZEPT Gemüse mit Lammhack **aus dem Ofen**

Zutaten 4 Personen

- 500 g Lammhack
- 6 mittelgroße Kartoffeln (festkochend)
- 3 Zwiebeln
- 1 Aubergine
- 1 Zucchini
- 2 Paprikaschoten (rot und gelb)
- 7 mittelgroße Strauchtomaten
- 200 ml Gemüsebrühe
- 4 EL Tomatenmark
- Sonnenblumenöl
- bei Bedarf 2 EL Butter
- Salz/Pfeffer
- 1 Bund glatte Petersilie
- 1 Fladenbrot

Zubereitung

Den Backofen auf 220°C vorheizen (Ober- und Unterhitze).

Paprikaschoten entkernen und in feine Würfel schneiden. Zwiebeln und Zucchini schälen, ebenfalls in kleine Würfel schneiden und mit der Paprika in eine Auflaufform geben.

Die Kartoffeln schälen und in Würfel schneiden. Die Kartoffelwürfel in eine Schüssel mit Wasser legen, um zu verhindern, dass sie braun werden.

Zum Schluss mit einem Sparschäler oder einem scharfen Messer die Haut der Aubergine entfernen und ebenfalls in feine Würfel schneiden. Wichtig: Auch Auberginen werden sehr schnell braun. Daher sollte diese erst geschält und geschnitten werden, wenn alle anderen Gemüse (Paprika, Zwiebeln, Zucchini und Kartoffeln) bereits gewürfelt sind. Diese zusammen mit den abgegossenen Kartoffeln ebenfalls in die Auflaufform geben.

Hinzu kommen etwa 4-5 EL Sonnenblumenöl. Das Gemüse mit dem Öl sorgfältig vermengen und für etwa 45 Minuten in den Ofen gegeben. Dabei gelegentlich umrühren.

Nun den Strunk aus den Tomaten entfernen und mit einem scharfen Messer oder Sparschäler die Haut abziehen. Alternativ die Haut der Tomaten kreuzförmig einritzen, die Tomaten 1-2 Minuten in kochendes Wasser geben und mit kaltem Wasser abschrecken. Dadurch lässt sich die Haut ebenfalls gut ablösen. Die Tomaten anschließend vierteln, das Kerngehäuse entfernen und das Fruchtfleisch fein würfeln.

Nach Ablauf der 45 Minuten die Tomaten zusammen mit dem Tomatenmark und der Brühe in die Auflaufform geben. Mit Salz und Pfeffer würzen und alles gut miteinander vermengen. Die Form anschließend für weitere 15 Minuten in den Ofen geben.

Das Lammhack mit Salz und Pfeffer würzen. Nach Ablauf der 15 Minuten mit den Händen auf der Oberfläche des Gemüses verteilen und mit etwa 4-5 EL Öl beträufeln. Alternativ kann Butter verwendet werden.

Fleisch und Gemüse ein letztes Mal für etwa 30 Minuten zurück in den Ofen schieben und vor dem Servieren mit Petersilie bestreuen. Dazu reicht Rola Fladenbrot.

Tipp: Das Gericht kann durchaus auch vegetarisch zubereitet werden. Die Zubereitung ist die gleiche, nur ohne Fleisch.
Für eine besondere Note kann das Gericht zusätzlich je nach Geschmack mit Knoblauch, Thymian oder Rosmarin verfeinert werden.

adidas

SALEH
29 Jahre aus Syrien

LAMM
TABOULEH
LINSENSUPPE
KABSI

Saleh hat zum gemeinsamen Kochen in seine kleine Wohnung eingeladen. Er bittet uns, an der Tür die Schuhe auszuziehen, was diesem Treffen sofort das Offizielle nimmt. Auf Strumpfsocken stehen wir zu fünft in seiner etwa vier Quadratmeter großen Küche und stecken gleich neugierig die Nasen in die Töpfe und Schüsseln, die Saleh schon einmal vorbereitet hat. Er hatte angefragt, was uns lieber wäre – eine Suppe oder ein Fleischgericht. Da wir bei den vergangenen Kochabenden schon viele Fleischgerichte kennengelernt haben, entscheiden wir uns für Suppe. Nun sehen wir, dass Saleh vorsichtshalber beides kocht.

Saleh kocht nicht zum ersten Mal. Viele Zutaten misst er gar nicht erst ab. Er schüttet sie nach Gefühl in die Töpfe. Um überhaupt zu verstehen, was dieses Rezept ausmacht, bremsen wir ihn immer wieder, fragen und versuchen, die Mengen und die Gewürze, die bereits in den Töpfen verschwunden sind, nachzuvollziehen. Kochen ist Salehs Hobby, gelernt hat er es von „Mama". Allerdings koche er während der Woche eher selten für sich. Dafür bleibe kaum Zeit, da er am Wochenende in einem Café in der HafenCity jobbe und während der Woche zur Schule gehe. Er ist offenbar ein fleißiger Schüler – das verraten die Wände, die gespickt sind mit Arbeitsbögen zur deutschen Grammatik.

Saleh ist zu Recht stolz. Bald beginnt er seinen C1-Kurs, ein Kurs für sehr Fortgeschrittene. Und das, obwohl er erst seit acht Monaten Deutsch lernt. Er erzählt, dass er sich für eine Ausbildung als Wartungs- und Netzwerkprogrammierer bewerben möchte. In Aleppo sei er Möbeldesigner gewesen. Aber hier möchte er umschulen. Saleh hat sein Leben sortiert und nutzt seine Chancen. Seine Wohnung spiegelt das wider. Alles hat seinen Platz, das bunte Deckchen auf dem Tisch zeigt, dass Saleh sich eingerichtet hat. Und das bestätigt er. Er möchte bleiben, sein Syrien sei zerstört, sagt er. Außerdem sei Hamburg wie Aleppo. Das erstaunt uns. Dann erklärt Saleh, dass der syrische Winter zum Beispiel nur unwesentlich kürzer sei als der in Hamburg. Außerdem möge er die Deutschen, alle seien bisher sehr nett und hilfsbereit gewesen.

Aber freiwillig geflohen ist er nicht. „Mama" hat ihn geschickt – aus Angst. Er sei 2006 in einer Spezialeinheit beim Militär gewesen, erzählt er. Und dann sollte er wieder eingezogen werden. Saleh wollte nicht gehen. Er wollte bei den drei Geschwistern und den Eltern bleiben und helfen, wenn Hilfe gebraucht würde. Lange Zeit war er in Sorge um seine Familie. Aber nun sind alle in Sicherheit, in der Türkei. Ein Glück! Einer aus unserer Runde klopft auf Holz. Noch eine Gemeinsamkeit – diese Geste gibt es auch in Syrien.

Wie andere syrische Köchinnen und Köche, die wir schon kennengelernt haben, hat auch Saleh eine sanfte und behutsame Art zu sprechen. Er ist etwas schüchtern, freundlich und überlegt. Die Atmosphäre in Salehs Zuhause ist gelöst. Wir unterhalten uns, lachen, hören der Sängerin Adèle im Radio zu und genießen das fürstliche und üppige Mahl, das aus mehreren Gängen besteht. Saleh hatte nämlich nicht nur Suppe und ein Fleischgericht gezaubert, sondern Suppe, zwei Hauptgerichte und Tabouleh, einen Petersiliensalat.

An so einem schönen Abend könnte man fast vergessen, was

Saleh vor kurzem erlebt hat – eine lebensgefährliche Flucht im Schlauchboot für 1200 Euro, ein ungewisser Neuanfang ohne Familie und Freunde. Wir fragen ihn, was er am meisten vermisst. Saleh zögert lange. Er vermisse natürlich seine Freunde. Sind seine Freunde noch in Syrien? Saleh sieht uns an. „Sie sind fast alle tot", sagt er dann.

Saleh liest gern. Eine ältere Dame gibt ihm hin und wieder Bücher. Aktuell liest er „Der kleine Prinz". Ob wir das Buch kennen? Auch die Texte deutscher Lieder lässt er sich mit einem Gerät anzeigen, dann kann er sie mitlesen und verstehen. Unsere Gespräche untereinander verfolgt er interessiert. Er sagt, dass es ihm keine Probleme bereite, zu verstehen – auch wenn schnell gesprochen würde. Nur einmal bei der Arbeit im Café, da kam ein Herr, den er nicht verstehen konnte. Er musste mehrfach nachfragen, erzählt Saleh, er wusste einfach nicht, welche Sprache der Gast spricht. Seine Kollegin half aus und erklärte ihm, dass der Mann aus Bayern stamme. Deutsch ist so unterschiedlich, sagt Saleh, und weiß noch gar nicht, wie Recht er damit hat.

REZEPT Lamm mit Nüssen und Reis

Zutaten 6-8 Personen

- 700 g Lammfleisch (Schmorfleisch)
- 1 Prise Salz
- 1 EL Kardamomkapseln
- 2 TL Kabsi (Gewürz)
- 1 Würfel Hühnerbrühe
- 1 Zimtstange
- 3 Tomaten
- ½ Zwiebel
- Sonnenblumenöl zum Braten
- 200 g Champignons
- 150 g Cashewkerne
- 80 g Erdnüsse
- 200 g Naturjoghurt

Zubereitung

Das Lammfleisch in Stücke schneiden und in gesalzenem Wasser ca. 80 Minuten in einem geschlossenen Topf bei niedriger Temperatur schmoren. Das Fleisch muss mit Wasser bedeckt sein. 1200 ml Wasser mit Salz, Kardamom, Kabsi, der Hühnerbrühe sowie einer Stange Zimt in einem Topf zum Kochen bringen. Den Reis 15 Minuten in Wasser einweichen und anschließend in einem Sieb unter kaltem Wasser abspülen. Die Zwiebel würfeln und mit etwas Sonnenblumenöl in einer Pfanne anschwitzen. Die Tomaten ebenfalls würfeln und zugeben. Das Zwiebel-Tomaten-Gemisch und den gewaschene Reis in die Brühe geben und ca. 15 Minuten kochen.

In der Zwischenzeit die Champignons mit etwas Sonnenblumenöl in einer Pfanne anbraten. Die Nüsse in wenig Sonnenblumenöl in einer Pfanne rösten, bis sie goldbraun sind.

Anrichten: Den fertig gekochten Reis in eine große Auflaufform füllen, die Pilze und die Nüsse, sowie das fertig geschmorte Lammfleisch auf dem Reis verteilen. Dazu reicht Saleh Naturjoghurt.

Tipp: Für dieses Gericht kann auch Rinderschmorfleisch verwendet werden.

REZEPT Tabouleh **Petersiliensalat**

Zutaten 4 Personen

- 2 Bund Petersilie
- 50 g Couscous
- 1 Tomate
- 1 EL Olivenöl
- 1 EL Zitronensaft
- 1 Prise Salz

Zubereitung

Die gesamte Petersilie waschen und samt der Stiele kleinschneiden. Den Couscous in der doppelten Menge kaltem Wasser 15 Minuten einweichen. Anschließend das Wasser abgießen und den gequollenen Couscous mit der Petersilie in einer Schüssel vermengen. Die Tomate würfeln und mit dem Olivenöl, dem Zitronensaft und Salz ebenfalls in die Schüssel geben. Alles gut miteinander vermengen und servieren.

REZEPT Spritzige Linsensuppe

Zutaten 4 Personen

- 400 g Rote Linsen
- 750 ml Wasser zum Kochen
- ca. 500 ml Wasser zum Verdünnen
- 70 ml Sonnenblumenöl
- 1 Würfel Hühnerbrühe
- Saft von 1 ½ Zitronen

Zubereitung

Wasser mit Sonnenblumenöl in einen mittelgroßen Topf geben und zum Kochen bringen. Die Flüssigkeit lauwarm abkühlen lassen und die Linsen dazugeben.
Alles für 20 Minuten köcheln lassen und anschließend mit einem Stabmixer pürieren. Während des Pürierens ca. 500 ml Wasser hinzugeben, damit die Suppe eine cremige Konsistenz erhält.

Nun Brühe und Zitronensaft einrühren und die Suppe erneut aufkochen. Heiß servieren.

Diese köstliche Suppe ist aufgrund ihrer spritzigen und frischen Note etwas ganz Besonderes. Sie ist in der Zubereitung sehr unkompliziert und es lohnt sich allemal, sie einmal auszuprobieren.

REZEPT Kabsi à la Saleh

Zutaten 4 Personen

- 4 Hähnchenschenkel
- Wasser
- 800 g Kartoffeln
- ca. 800 ml Sonnenblumenöl
- 60 ml Olivenöl
- 1 Zwiebel
- 2 Tomaten
- 2 Peperoni, rot und grün
- 1 TL gemahlener Piment
- 1 TL Kabsi-Gewürzmischung
- 1 TL Curry
- 1 TL Döner-Baharat
- 2-3 Kardamomkapseln

Zubereitung

Hähnchenschenkel waschen, trocken tupfen und in einen großen Topf mit wenig Wasser (ca. 1 cm Höhe) und 60 ml Speiseöl legen. Die Zwiebel schälen und fein würfeln.
Die Tomaten und die Peperoni ebenfalls klein schneiden und mit den Zwiebeln und den Gewürzen zu dem Hühnchen geben.
Alles auf kleiner bis mittlerer Stufe 80 Minuten bei geschlossenem Deckel garen.

Die Kartoffeln schälen und in Scheiben schneiden. Ausreichend Sonnenblumenöl in einem kleinen Topf erhitzen. Nach und nach die Kartoffelscheiben darin jeweils 5 Minuten frittieren. Die Scheiben mit der Schaumkelle herausholen, gut abtropfen lassen und in einer Ofenpfanne oder auf einem tiefen Backblech gleichmäßig verteilen.

Die gegarten Hühnerschenkel mit dem Gemüse und dem Sud auf den Kartoffelscheiben verteilen und im Ofen bei 200 °C auf der mittleren Schiene 15 Minuten backen. Anschließend die Temperatur auf 250 °C erhöhen, die Ofenpfanne auf die oberen Schienen des Ofens stellen und noch einmal 10 Minuten braun und knusprig grillen.

REZA

25 Jahre aus Afghanistan

KUKU SABZI

Zögerlich betritt Reza die Küche. Er wirkt schüchtern. Viel später am Abend wird deutlich, dass Reza besser Deutsch sprechen kann, als es zunächst den Anschein hat, dass er lieber schweigt, als sich falsch auszudrücken. Dann kommt Tannaz hinzu, die Dolmetscherin. Wir erfahren von Reza, dass er in Mazar-e Sharif, im Norden Afghanistans, geboren und aufgewachsen ist. So ist auch das Gericht, das er für unser Kochbuch ausgesucht hat, ein afghanisches. Es heißt Kuku Sabzi – eine Speise, die man in Afghanistan und in Iran traditionell zum Nouruz, dem Persischen Neujahrs- und Frühlingsfest, am 20. März serviert. Zu Hause hat es seine Mutter zubereitet. War sie es auch, die ihm Kochen beigebracht hat? Er verneint und erklärt, dass Kochen in Afghanistan Aufgabe der Frauen sei. Männer grillen eher. Sofort verfallen Reza und Tannaz in eine hitzige Diskussion darüber, was auf einem gut sortierten Grill auf keinen Fall fehlen darf. Die Handys werden gezückt und Bilder vergangener Grillabende verglichen.

Aber was genau ist denn nun Kuku Sabzi? Reza beginnt die Zutaten aufzuzählen: Eier, eine Kräutermischung aus Petersilie, Koriander, Dill und Lauch, dazu Kartoffeln. Tannaz protestiert wieder. Wieso Kartoffeln? Es stellt sich heraus, dass es verschiedene Rezepte gibt, nach denen Kuku Sabzi zubereitet werden kann. Allen gemein ist, dass Eier und eine Menge unterschiedlicher Kräuter verwendet werden. Es gibt auch Variationen mit Spinat, Walnüssen oder Berberitzen.
Reza ist ein ruhiger und bescheidener junger Mann. Auch stolz. Es gab Zeiten, in denen er kein Geld mehr besaß und noch keine Unterstützung vom Amt erhielt. Sein letztes Bargeld hatte er Freunden für ihre Weiterreise nach Schweden geliehen. Zum Glück bemerkten aufmerksame Mitmenschen, dass der ohnehin sehr schlanke Afghane immer dünner wurde. Im Handumdrehen wurden in Klein Borstel Essensspenden organisiert und Behördengänge initiiert.

Im Laufe des Gesprächs gibt Reza mehr und mehr von seiner anfänglichen Zurückhaltung auf. Ganz nebenbei klärt sich nun auch, wo er gelernt hat, Kuku zu kochen. Er ist begeisterter Fußballer und hat in Afghanistan sehr erfolgreich für die erste Liga in Kabul gespielt. Da seine Heimatstadt etwa 400 Kilometer von Kabul entfernt liegt, wohnte er knapp eineinhalb Jahre in einem Hotel, das ihm zum zweiten Zuhause wurde. Einige der Köche in dem Hotel wurden seine Freunde. Sie waren es auch, die ihm das Rezept von „Kuku Sabzi" beibrachten - neben vielen anderen, nach denen Reza hier in Deutschland mittlerweile für sich kocht. Kuku Sabzi hat sich hier in Hamburg auch bei deutschen Gästen bewährt. Es war das erste Essen, das Reza zu einer Einladung mitbrachte, um etwas zum Buffet beizusteuern.

Fußball spielt er inzwischen auch wieder. Reza hat ziemlich schnell einen neuen Verein gefunden, bei dem er nun endlich wieder trainieren kann.

REZEPT Kuku Sabzi **Eierspeise mit Kräutern**

Zutaten 4-6 Personen

- 2-3 Gemüsezwiebeln
- 600 g Kartoffeln
- 400 g Zwiebeln
- 6 Eier
- 1 Knolle Knoblauch
- 100 g Trockenkräutermischung*
- 3 EL Mehl
- 2 EL Kurkuma
- Salz/Pfeffer
- reichlich Rapsöl zum Ausbacken oder Frittieren

Zubereitung

Kartoffel und Zwiebeln schälen, waschen und mit einer Gemüsereibe kleinhobeln. Die Knoblauchzehen schälen, in feine Scheiben schneiden und hinzufügen.

Die Eier in die Kartoffelmasse geben und alles gut vermengen. Anschließend Mehl gleichmäßig über die Masse streuen und verrühren. Mit Salz, Pfeffer und Kurkuma würzen und die Kräutermischung hinzufügen.

Mit einem Stabmixer wird nun alles nochmals vermengt und so lange püriert, bis nur noch kleine Stückchen erkennbar sind.
Die Kuku Sabzi-Masse etwa 1 cm hoch in eine gefettete und beschichtete Auflaufform geben und bei 200 °C für ca. 25 Minuten auf der mittleren Schiene des Backofens backen. Dabei einmal mithilfe eine Deckels wenden.

Alternativ kann die Masse auch in kleinen Portionen in Fett frittiert werden. Hierzu einen gehäuften Esslöffel der Masse in reichlich heißes Fett (sie müssen darin schwimmen können) geben und ca. 4 Minuten ausbacken. Nach etwa der Hälfte der Zeit einmal wenden. Auf Küchenkrepp das überschüssige Fett abtropfen lassen.

** (aus Lauch, Petersilie, Koriander und Dill. Alternativ kann auch die vierfache Menge an frischen Kräutern verwendet werden.)*

Tipp: Die kleinen frittierten Kuku Sabzi schmecken auch kalt sehr gut. Neben verschiedenen Kräutern eignen sich auch Spinat und Berberitzen als Zutaten.

KEKSE
Reza

ALMAZ
20 Jahre
HELEN
20 Jahre
aus Eritrea

KARTOFFEL-ZUCCHINI-KAROTTEN-GEMÜSE
SHIRO
INJERA

Helen und Almaz sind orthodoxe Christinnen. Vorschriften dafür, wie und welche Nahrungsmittel sie zubereiten, zu sich nehmen oder meiden müssten, gäbe es für sie kaum, erzählen sie. Auch Alkohol würden sie trinken, aber nur selten und wenig. Wir erfahren, dass man in Eritrea auch gern Schwein esse, was allerdings deutlich teurer sei als Rind und Geflügel. Schüchtern und zurückhaltend wirken die beiden zierlichen Frauen, die heute auf unseren Wunsch hin ein vegetarisches Gericht kochen.
Erst seit zwei Wochen besuchen sie einen Deutschkurs, daher findet unsere Verständigung mit Hilfe von Zeichen und Gesten statt. Untereinander sprechen sie Tigrinya, eine von zehn Sprachen, die in Eritrea geläufig sind. Das Schriftbild ähnelt einem Kunstwerk.
Almaz Tesfamariam kommt aus Asmara, der Hauptstadt Eritreas. Dort hat sie auch ihren Mann Michaele kennengelernt, der für uns vor ein paar Tagen Alicha und Zigni gekocht hat. Die Autowerkstatt, in der Michaele arbeitete, befand sich direkt neben Almaz' Arbeitsstelle. Jeden Tag führte ihr Weg an dieser Garage vorbei. Endlich fasste sich Michaele ein Herz und sprach sie an. Sie lächelt verlegen, als sie uns erzählt, dass sie ihren Mann besonders deshalb mag, weil er ihr so gut zuhöre und weil sie ihn „von Kopf bis Fuß" schön finde. Almaz kommt aus einer Großfamilie, sie hat sieben Geschwister. Sie könne es kaum abwarten, eigene Kinder zu bekommen – mindestens vier sollen es sein – sagt sie. Michaele mag Kinder. Nur was die Anzahl eigener Kinder betrifft, sind die beiden sich noch nicht einig. Auch Helen, die seit etwa einem Jahr verheiratet ist, möchte bald Mutter werden. Sie kommt aus einem Dorf mit 350 Einwohnern in einer südlichen Provinz Eritreas. Dort lebte sie gemeinsam mit ihren fünf Geschwistern und ihrer Mutter. Helens Flucht mit ihrem Mann Hagos führte – ähnlich wie die von Almaz und Michaele – über Äthiopien, Sudan, Libyen und das Mittelmeer. Auf Lampedusa verbrachten sie eine Woche, dann ging es weiter nach Rom zu einer Verwandten.
Helen ist angekommen in Deutschland, sie fühlt sich wohl hier. Am liebsten gehe sie spazieren, sagt sie. Gerade jetzt, wenn es nicht so kalt ist und die Vögel den ganzen Tag zwitschern. Fernsehen mag sie auch. Und Musik, am liebsten Lieder aus ihrer Heimat. Zum besseren Verständnis zeigt sie uns auf YouTube ein Musikvideo, in dem ihre Lieblingssängerin Semhar Yohannes von Liebe und Trennung singt.
Diese Klänge nehmen wir mit nach Hause. Und dazu ein weiteres Andenken. Almaz und Helen haben für jeden von uns den eigenen Namen in tigrinischer Schrift gezeichnet – wahre Kunstwerke.

REZEPT Kartoffel-Zucchini-Karotten-Gemüse

Zutaten 4-6 Personen

- 1,5 kg Kartoffeln
- 3 mittelgroße Zucchini
- 1 Bund Karotten
- 4 große Zwiebeln
- 3 große Tomaten
- 1 TL Thymian
- 1 TL Curry
- 2 Knoblauchzehen
- 6 EL Öl

Zubereitung

Kartoffeln und Karotten schälen und in 2 x 4 cm dicke Stifte schneiden. Zucchini in dünne Scheiben schneiden. Die Zwiebeln schälen, halbieren und in Streifen schneiden. Die Tomaten würfeln.

Die Zwiebeln in einem Topf mit 6 EL Öl anbraten, die Tomaten dazugeben und kurz anschwitzen. Anschließend Kartoffeln und Karotten dazugeben und ca. 10 Minuten garen. 1 TL Salz hinzufügen. Zuletzt die Zucchini hinzugeben und solange braten, bis alles gar ist.

Abschließend mit 1 TL Thymian und 1 TL Curry würzen.

REZEPT Shiro-Sauce

Zutaten 4-6 Personen

- 4 große Tomaten
- 4 große Zwiebeln
- 500 ml passierte Tomaten
- 4 EL Shiro-Gewürzmischung
- 2 Knoblauchzehen
- 6 EL Öl
- 1 TL Knoblauchgranulat (alternativ Pulver)
- 2 TL Salz

Zubereitung

Die Zwiebeln schälen und fein würfeln. In einem Topf mit 6 EL Öl unter Rühren kräftig anbraten.

Den Strunk der Tomaten entfernen. Die Tomaten pürieren und mit den passierten Tomaten, 200 ml Wasser und Shiro zu den Zwiebeln in den Topf geben. Alles mindestens 30 Minuten köcheln lassen.

Die Knoblauchzehen pressen und unter die Tomaten rühren. Mit 2 TL Salz und 1 TL getrocknetem Knoblauch abschmecken.

REZEPT Injera **afrikanische Fladen**

Zutaten 4-6 Personen

- 500 g Teffmehl (Teff = Zwerghirse)*
- 4-5 Tassen Wasser
- 1 Würfel Hefe

Alternative mit Weizen- und Maismehl:

- 360 g Weizenmehl
- 150 g Maismehl
- Wasser
- ½ Würfel Hefe
- Salz

Zubereitung

Alle Zutaten miteinander verrühren und über Nacht gehen lassen.

Am nächsten Tag den Teig kellenweise in einer gut beschichteten Pfanne ohne Fett backen, bis es stockt.

Die Injeras können gestapelt werden. Dafür ein leicht geöltes Stück Alufolie zwischen die Fladen legen.

Alternative Zubereitung mit Weizen- und Maismehl:
½ Würfel Hefe in ca. 50 ml Wasser auflösen, mit 2 EL Weizenmehl vermengen und 1 Stunde gehen lassen. Diese Hefemischung anschließend mit 350 g Weizenmehl, 150 g Maismehl, 1 TL Salz und 1 Liter Wasser vermischen und weitere 5-6 Stunden gehen lassen. Abschließend nochmals 500 ml lauwarmes Wasser hinzugeben. Diese Mischung kellenweise in einer Pfanne ohne Fett wie Pfannkuchen backen.

TOGHA

27 Jahre

aus Iran

KASHK E BADEMJAN

Heute ist Togha kaum wiederzuerkennen. Sonst eher lebendig und fröhlich, erscheint sie jetzt hochkonzentriert und in ihre Arbeit versunken. Jeder Handgriff wirkt wohlüberlegt. Sie will ihr Bestes geben. Es soll Kashke Bademjan geben, ein Auberginengericht, das mit sehr viel Aufwand (und sehr vielen gebratenen Zwiebeln) zubereitet wird. Bademjan heißt Aubergine, lernen wir. Unter Kashke können wir uns zunächst nichts vorstellen, bis sie es uns zum Probieren gibt. Einige von uns bereuen den Mut, denn der pure Geschmack ist etwas befremdlich – eine Mischung aus sehr starkem Schafskäse, Salz und Parmesan. Es ist eine Art Joghurt aus Schafsmilch, der in der Sonne getrocknet und dann mit etwas Wasser zu Kugeln geformt wird. Ob uns das wirklich schmecken wird? Wir sind uns da noch nicht so sicher und schauen skeptisch, als fast das halbe Glas in der Auberginenmasse verschwindet.

Togha ist eine schöne, sanfte, junge Frau. So klingt auch ihre Stimme. Ihr Blick ist offen und geradeaus gerichtet, ihre Bewegungen wirken kontrolliert. Sie ist eine Künstlerin – das ist uns klar, eine zielorientierte, mit starkem Willen. Der hat ihr in der Heimat auch sehr geholfen. Togha ist als Irakerin in Iran aufgewachsen – Schwierigkeiten begleiteten schon immer ihr Leben. In Iran habe sie eine Ausbildung als Tischlerin und als Goldschmiedin absolviert. Leider verfügt sie über keine Zeugnisse, da sie als Irakerin nicht in die Lehre habe gehen dürfen, erzählt sie.

Auch in der Liebe musste Togha Stärke und Durchhaltevermögen beweisen. Ihr Mann Javad, als Afghane in Iran aufgewachsen, floh vor etwa acht Jahren – zunächst nach Norwegen. Zu dem Zeitpunkt waren die beiden erst ein Jahr verheiratet. Togha folgte vor etwa vier Jahren. Seitdem leben sie in einem kleinen Zimmer ohne Fenster, ohne Bad, ohne WC in einer Flüchtlingsunterkunft nahe des Pastorats.

Wir stellen weiter Fragen. Mehr haben wir auch nicht zu tun, denn das Kochen übernimmt sie allein. Sie antwortet geduldig - auf Deutsch. Woher sie so gut Deutsch kann, wollen wir wissen. Sie habe einen Deutschkurs besucht, als sie damals ankam, berichtet sie – aber nur für drei Monate. Das habe ihr nicht gereicht. So nahm sie auch das selbst in die Hand. Da es in ihrer Unterkunft kein WLAN gab, besuchte sie jeden Tag ab mittags den Apple Store in der Innenstadt, weil dort freier WLAN-Zugang gewährt wird. Auf diese Weise brachte sich Togha mit dem Smartphone Deutsch bei. Leider, fügt sie hinzu, habe sie während der ersten drei Jahre keinen Kontakt zu Deutschen gehabt, was das Erlernen erschwert habe. Erst seit etwa neun Monaten ist sie regelmäßig im Pastorat in Klein Borstel zu Besuch. Hier werden ihre Dolmetscherfähigkeiten dringend gebraucht. Neben Farsi spricht Togha Arabisch, Dari und Englisch. Wir sind beeindruckt.

Am Ende des Abends sitzen wir alle an der langen Tafel im Pastorat und müssen zugeben, das Kashke diesem Gericht tatsächlich eine ganz besondere Note gibt.

ONKEL
KARA BIBER
90 g e
ONKEL
TARCIN
Zimt, gemahlen
70g e
ONKEL
NANE
Pfefferminze
25g e

REZEPT Kashk e Bademjan **Auberginencrème**

Zutaten 4 Personen

- 6 Auberginen
- 4 Zwiebeln
- 1 Knoblauchknolle (keine Zehe!)
- 250 g Kashk (eine Art getrockneter Joghurt aus Schafsmilch)
- 1 Limette
- 200 ml Pflanzenöl
- Sonnenblumenöl
- Salz/Pfeffer
- 1 TL gemahlener Kardamom
- 1 EL gemahlener Zimt
- 2 EL getrocknete Pfefferminze
- 100 g Walnüsse zur Dekoration

Zubereitung

Die Auberginen schälen und der Länge nach in ca. 1 cm dicke Scheiben schneiden.

Die Auberginenscheiben für ca. 20 Minuten in stark gesalzenem Wasser einlegen. Dabei darauf achten, dass sie vollständig mit Wasser bedeckt sind, da sie sonst braun werden. Die Auberginen anschließend in ein Sieb geben, abspülen und mit Küchenpapier trockentupfen.

Danach in einer großen Pfanne reichlich Öl erhitzen und die Auberginen darin scharf anbraten. Zwischendurch wenden und mit einem Öl-Wasser-Gemisch (1:1) beträufeln, sodass immer ca. 1 cm hoch Flüssigkeit auf dem Pfannenboden vorhanden ist. Die Pfanne während des Bratens mit einem Deckel abdecken, damit die Auberginen gleichmäßig und zügig garen. Die Auberginen während des Garvorgangs regelmäßig wenden. Sie sind fertig, wenn sie stark gebräunt und weich sind. Anschließend auf einem Sieb abtropfen lassen.

In der Zwischenzeit Zwiebeln und alle Knoblauchzehen der Knolle schälen und in dünne Scheiben schneiden.

Einen Topf mit 200 ml Pflanzenöl aufstellen und auf ca. 160-180 °C erhitzen. Zwiebeln und Knoblauch darin frittieren, bis diese goldbraun sind. Danach zum Abtropfen auf einen Teller mit Küchenpapier geben.

Die abgetropften Auberginen in eine Pfanne geben und bei geringer Hitze erneut erwärmen. Dabei mit einer Gabel oder einem Holzstock zerdrücken. Anschließend 200 g Kashk, 250 ml Wasser sowie die Hälfte des frittierten Knoblauchs und der Zwiebeln hinzugegeben. Die Zutaten gut unterrühren und zerstoßen, sodass eine homogene Masse entsteht.

Nun die Masse mit dem Saft einer Limette, Salz, Pfeffer, 1 TL Kardamom und 1 EL Zimt abschmecken. (Die Mengenangaben der Gewürze sind Richtwerte und können je nach Geschmack variiert werden.)

Abschließend etwas Öl in einem Topf auf ca. 40 °C erhitzen. 2 EL getrocknete Pfefferminze hinzugeben und für ca. 10 Minuten ziehen lassen. Das so entstandene Pfefferminzöl separat zu dem Gericht reichen und bei Bedarf darüber träufeln.

Zur Dekoration die restlichen 50 g Kashk mit etwas heißem Wasser verrühren und auf die Auberginenmasse geben. Die restlichen frittierten Zwiebeln und den Knoblauch darauf verteilen. Das Gericht kann zusätzlich noch mit Walnüssen dekoriert werden.

Tipp: Dazu passt arabisches Fladenbrot. Das Brot in ca. 4x4 cm große Stücke schneiden und im Ofen knusprig backen.

MOHAMAD
25 Jahre
aus Syrien

HÄHNCHENSCHENKEL AUF ZITRONEN-KARTOFFELN

Etwas unangenehm ist Mohamad die Aufmerksamkeit schon. Die Ärmel vom Jeanshemd halb aufgekrempelt, konzentriert er sich lieber auf die Handgriffe bei der Zubereitung seiner Hühnchenschenkel auf Kartoffelscheiben mit Salat. Das gibt Sicherheit, denn schließlich kocht er dieses Gericht viermal in der Woche in seiner kleinen Wohnung. Es ist ein überaus praktisches Junggesellengericht – einfach und schnell zuzubereiten. Mohamad sieht auffallend gut aus. Er hat breite Schultern, einen athletischen Körper und ein charmantes Lächeln. Im Gespräch sieht Mohamad seinem Gegenüber fest in die Augen. In seinem Blick liegt weit mehr als nur ein Lächeln. Mohamad hat viel gesehen in den vergangenen drei Jahren und viel erlebt.

Mohamads Mutter sei in großer Sorge darüber gewesen, dass ihr einziger Sohn eingezogen werden könnte und als Soldat sein Leben im Kampf lassen müsse. Viele syrische Mütter kennen diese Ängste. Mohamads Mutter schickte ihn weg. Zunächst nach Ägypten. Aber der Sohn wollte nicht. Er wollte nicht weg von seinen Eltern und den beiden Schwestern. Nicht weg von seinem Schuhladen, den er in Damaskus leitete. Aber „Mama" blieb unerbittlich. In Ägypten entwarf er Brautkleider. Immer wieder habe er darum gebeten, zurückkommen zu dürfen. Nach einem Jahr habe er es nicht mehr ausgehalten und stand wieder vor der Tür seiner Eltern. Er blieb nur kurz. „Was Mama sagt, das muss gemacht werden", sagt er grinsend. Überhaupt scheint der junge Mann darum bemüht zu sein, seine Geschichte möglichst leichtgängig rüberzubringen, um uns nicht zu überfordern.

Drei Monate später floh er wieder. Diesmal mit dem Bus über Algerien. Er hatte seinen Rucksack mit allen wichtigen persönlichen Dingen gepackt. Doch an der Küste angekommen, musste er ihn zurücklassen. Der Platz an Bord des kleinen Schlauchboots wurde für Passagiere benötigt. So viele Menschen, darunter viele Kinder. Das Boot hat es nach Italien geschafft.

In Italien seien alle sehr nett gewesen. Europa sei sowieso nett, sagt er. Ursprünglich wollte er weiter nach Schweden. Aber als die Bahn hier in Hamburg am Hauptbahnhof ankam, konnte Mohamad nicht mehr, so müde und erschöpft sei er gewesen. Und jetzt sei er froh, geblieben zu sein. Er mag Hamburg, sagt er. Nur, das Wetter...

Das Wetter sei es auch, was ihn hier in Hamburg vom Fußballspielen abhält. Nun spielt er Handball und findet das auch gut. Und er ist fast täglich im Fitnessstudio. Eine Zeit lang hat Mohamad in einer Band gesungen. Jetzt lerne er lieber, fügt er hinzu. Er spricht gut Deutsch, wovon er selbst aber noch nicht überzeugt ist. Die Unsicherheit sei es auch, die ihn zögern lässt, einen Ausbildungsplatz anzunehmen. Er müsste mehr Deutsch sprechen, sagt er. Ihm fehle jedoch der Kontakt zu gleichaltrigen Deutschen. Aber er hat hier eine „deutsche Familie" – Sabine und Claus. Sie sind Paten, die sich um Mohamad kümmern, auf ihn achten, ihn unterstützen und ihn einmal in der Woche zum Essen nach Hause einladen. Sie tun viel für ihn. Und geben ihm Halt.

Wenn der Krieg bald vorbei wäre, dann würde er zurückgehen, sagt Mohamad. Obwohl sein Schuhladen zerstört wurde. Wie es in zwei, drei Jahren sein wird, weiß er nicht. Dann beherrscht er die Sprache und hat hier vielleicht mehr deutsche Freunde gefunden.

REZEPT Hähnchenschenkel auf Zitronen-Kartoffeln aus dem Ofen

Zutaten 4 Personen

- 4 Hähnchenschenkel
- 1 kg Kartoffeln
- 2 große Zwiebeln
- ½ Zitrone
- 3 EL Salz
- 4 TL Pfeffer
- 4 TL Curry
- ½ Knolle Knoblauch
- 100 ml Olivenöl

Zubereitung

Die Hähnchenschenkel gut abwaschen und in einen Topf mit kochendem Wasser legen. Eine Zwiebel dazugeben und für ca. 20 Minuten kochen lassen.

Den Ofen auf 250 °C vorheizen. Die Kartoffeln schälen, halbieren und in 1 cm dicke Scheiben schneiden, in eine hohe Auflaufform legen und mit 4 TL Salz würzen. Die andere Zwiebel schälen, grob schneiden und mit 50 ml Olivenöl zu den Kartoffeln geben.

Jeden Hähnchenschenkel mit 1 TL Pfeffer und 1 TL Curry würzen und auf den Kartoffeln platzieren. Etwa 4 große Kellen des Hühner-Kochfonds über die Kartoffeln gießen und alles für insgesamt 75 Minuten im Ofen garen.

Die Schenkel nach 50 Minuten wenden.

½ Knolle Knoblauch pressen und in einer Schüssel mit dem Saft einer halben Zitrone und 20 ml Olivenöl verrühren. Dieses über das Hühnchen gießen und alles für weitere 15 Minuten im Ofen backen.

REZEPT Salat

Zutaten 4 Personen

- ½ Kopf Römersalat
- ½ Gurke
- 5 Tomaten
- 4 grüne Spitzpaprika
- ½ Zitrone

Zubereitung

Römersalat (2-4 Blätter zum Dekorieren aufbewahren), Gurke, Paprika und Tomate in kleine Streifen schneiden und in eine große Schüssel geben.
Für das Dressing den Saft einer halben Zitrone, 1 TL Salz sowie 5 EL Olivenöl mischen und über den Salat geben.

OMAR

25 Jahre
aus Syrien

MAKLOUBEH TABOULEH

Omar kommt nicht allein. Er hat seine beiden Freunde Salam und Sharif dabei. Sie wollen ihm in der Küche zur Hand gehen. Das ist auch notwendig, denn Omar kocht heute mehrere Gerichte und das in ziemlich kurzer Zeit. Jeder Handgriff sitzt. Kein Wunder, denn Omar ist gelernter Koch. Er hat sogar international - in der Türkei und in Spanien - gearbeitet. Aber mit dem „Kochsein" sei nun Schluss, erzählt er uns. Er habe „Mama" nämlich versprochen, dass er hier in Deutschland Bauingenieur wird. Sein Bruder ist Arzt. Und „Mama" möchte, dass ihr zweiter Sohn nun auch etwas „Richtiges" lernt. Da liegt noch ein langer Weg vor Omar, aber das stört ihn nicht. Seit fünf Monaten lernt er Deutsch an einer Schule. Der B2-Deutschkurs für Fortgeschrittene ist sein nächstes Ziel. Und eine eigene Wohnung finden – für ihn und seinen 15-jährigen Neffen. Die beiden sind vor etwa elf Monaten gemeinsam von Damaskus nach Hamburg geflohen. Omars Mutter und seine vier Schwestern sind noch in Syrien. Von ihnen erzählt er wenig. Wir fragen nicht nach.

Seine jetzige Unterkunft sei eigentlich sehr schön, sagt er. In der Erstaufnahmeeinrichtung wohnte er sechs Monate lang gemeinsam mit 4500 anderen Geflüchteten auf engstem Raum. Das bedeutete wenig Schlaf und niemals Ruhe. Die ganze Zeit über wusste er nicht, ob er bleiben darf. Ein halbes Jahr hat es gedauert, bis er seinen Pass bekam und mit ihm die Erlaubnis, hier in Deutschland bleiben zu dürfen. Aber auch in der Folgeunterkunft sei es fast immer laut. Von draußen dringen Kinderstimmen und Gelächter herein, Erwachsene unterhalten sich auf dem Hof, später tönt laute syrische Musik. Lebendig und fröhlich, finden wir. Aber wir fahren ja auch nachher wieder in unsere eigenen vier Wände und können die Tür hinter uns schließen.

Omar muss man einfach mögen – so freundlich und fröhlich begegnet uns der junge Syrer. Beim Kochen ist er hochkonzentriert. Schnell merken wir, dass wir ihn durch unsere Zwischenfragen aus dem Konzept bringen. Verschieben wir sie also auf später und schauen einfach nur bei der Zubereitung von Tabouleh und Maklobeh genau zu.

Nach dem ausgezeichneten Essen sitzen wir noch lange an der langen Tafel in der Teeküche seiner Unterkunft zusammen und unterhalten uns. Omar übersetzt für seine Freunde Salam und Sharif. Immer wieder wechselt er zwischen Deutsch und Arabisch, etwas Englisch ist auch dabei. Ob er sich vorstellen könne, für immer in Deutschland zu bleiben? Omar zögert. Er mag Deutschland, aber seine Heimat ist Syrien. „Man wird sehen", sagt der junge Mann, der – nur mit seinem Neffen und ohne den Rest der Familie – recht allein in diesem fremden Land ist.

Es ist spät geworden, und wir sind satt und müde. Da hilft auch der starke, arabische Kaffee nicht mehr, den Sharif und Salam anbieten. Ein geselliger Abend geht zu Ende. Aber die drei Freunde werden wir schon nächste Woche wiedersehen. Denn Omar und seine beiden Küchenhelfer haben sich spontan entschieden, für uns noch einmal zu kochen. Und darum fällt der Abschied heute nicht schwer.

NY

REZEPT *Makloubeh* **Rinderhack mit Auberginen**

Zutaten 4-6 Personen

- 500 g Basmati Reis
- 2 Auberginen
- 1 L + 3 EL Rapsöl
- 500 g Rinderhackfleisch
- 1 EL Zimt
- 1 EL Zwiebelgewürz (getrocknetes Zwiebelpulver)
- ½ Zwiebel
- 3 EL Salz

Zubereitung

Den Reis mit reichlich kaltem Wasser bedeckt einweichen lassen.
Die Auberginen längs schälen. Anschließend in Scheiben schneiden.
1 Liter Öl in einen Topf geben und auf höchster Stufe erhitzen. Die Auberginen in dem heißen Öl goldbraun frittieren.
Etwa 1 Liter Wasser mit dem Zimt, dem Zwiebelgewürz und den in Würfel geschnittenen Zwiebeln in einen Topf geben, verrühren und auf dem Herd zum Kochen bringen. Die Auberginen für ca. 1 Minute in die Flüssigkeit geben.

Nun den Reis zwei- bis dreimal waschen, abtropfen lassen und mit 900 ml der Zimt-Zwiebel-Flüssigkeit und 1-2 EL Salz in einen großen Topf geben, gegebenenfalls noch mit etwas heißem Wasser auffüllen und ca. 10 Minuten kochen. Dabei gelegentlich umrühren.
Den Rest der Zimt-Zwiebel-Flüssigkeit mit ca. 250 ml Wasser aufgießen und zum Kochen bringen.
Das Hackfleisch in einer Pfanne in 2 EL Öl braun anbraten und mit Salz und Pfeffer würzen. Die Auberginen nochmals für ca. 30 Sekunden in die Zimt-Zwiebel-Flüssigkeit geben.
Anrichten: Den fertigen Reis abgießen und auf eine große Platte geben. Das Hackfleisch auf dem Reis verteilen und die Auberginen darauflegen.

REZEPT Tabouleh

Zutaten 2-4 Personen

- 2 Bund Petersilie
- 50 g Bulgur
- 1 große Tomate
- 1 Zwiebel
- 1 TL Salz
- 30 ml Zitronensaft
- 5 EL Olivenöl

Zubereitung

Den Bulgur ca. 1 ½ Stunden vor der Zubereitung in heißem Wasser einweichen.
Petersilie unter fließendem Wasser abwaschen und den unteren Teil der Stängel ca. 5 cm abschneiden. Nun die Petersilie sehr fein schneiden und auf einer Platte verteilen.
Die Zwiebel schälen und fein würfeln. Die Tomate ebenfalls in Würfel schneiden.

Den Bulgur abgießen, mit den Händen vorsichtig ausdrücken und mit den Tomaten und den Zwiebeln über der Petersilie verteilen. Etwa 30 ml Zitronensaft, 5 EL Olivenöl und 1 TL Salz ebenfalls über die Petersilie geben.
Alles behutsam miteinander vermengen und eventuell mit Zitronensaft und Salz nachwürzen.

SHAKILA 19 Jahre
REZA 20 Jahre
MOHADESE 2 Jahre
Afghanische Familie
aus Iran

ASHAK SAUCEN

24 Tage war Mohadese alt, als Shakila und Reza in das Boot stiegen, um nach Griechenland überzusetzen. Wer so einen Entschluss fasst, hat schon Schweres hinter sich.

Geboren wurden Shakila und Reza in Masar-e Scharif in Afghanistan. Aber noch bevor sie das Schulalter erreichten, flohen ihre Eltern vor Krieg und Terror nach Iran. Reza erzählt uns, dass viele seiner Freunde noch in Afghanistan leben würden. Auch, dass man dort nach 21 Uhr nicht mehr auf der Straße sein sollte. Die Gefahr überfallen zu werden, sei viel zu groß. Nicht einmal tagsüber fühle man sich sicher, die Taliban seien eine ständige Bedrohung. Doch das Leben in Iran war für Reza auch nicht leicht. Als Afghane habe er keine Ausbildung absolvieren dürfen. Einer Arbeit nachzugehen, sei für ihn nur ohne Vertrag möglich gewesen. Und auch das galt nur für bestimmte Berufe. Die meisten Afghanen in Iran seien Maurer oder Fliesenleger, sagt Reza. Er war Fliesenleger. Doch obwohl er oft länger als zehn Stunden am Tag arbeitete, konnte er sich von dem Lohn gerade eben eine Behausung im Torbat-e Jam Camp, einem im Jahr 1998 errichteten Flüchtlingslager für Afghanen im Osten Irans, leisten.

In der gleichen Straße, wenn auch nicht im selben Camp, wohnte Shakila mit ihrer Familie. Die Familien der beiden sind miteinander verwandt. Und so kam es, dass Shakila und Reza sich seit ihrer Kindheit fast wöchentlich trafen. Irgendwann wusste Reza, dass er sie heiraten wollte. Er erzählt, dass die jeweiligen Ehepartner in Afghanistan eigentlich von den Eltern ausgesucht werden. Shakila aber war seine Wunschfrau.

Kurz nach der Hochzeit entschied sich Reza, gemeinsam mit Shakila in die Türkei zu ziehen. Dort arbeitete ein Freund von ihm und Reza erhoffte sich dort ein besseres Leben für seine Frau und sich. Die Hoffnung wurde zunächst nicht enttäuscht. Der Freund konnte Reza im selben Unternehmen Arbeit vermitteln und half ihm bei der Übersetzung der fremden Sprache. Mit der Familie seines Freundes teilte sich das Paar eine kleine Drei-Zimmer-Wohnung. Doch dann entschied sich sein Freund, wieder nach Iran zurückzuziehen, was dazu führte, dass Shakila und Reza von nun an alle Kosten und Nebenkosten der Wohnung allein tragen mussten. Die Sprache behinderte Reza, er habe kaum noch Jobs gefunden. Die Not wuchs und Reza, der mittlerweile Familienvater war, machte sich jeden Tag größere Sorgen. Als Mohadese eine Ohrenentzündung bekam und die Eltern mit dem Neugeborenen an der Klinik abgewiesen wurden, weil sie keinen Versicherungsschutz für das wenige Wochen alte Kind hatten und noch dazu kein Geld für eine Behandlung, stand ihr Entschluss fest. Nach elf Monaten in der Türkei wagte das Paar noch einmal einen Neuanfang und machte sich auf den Weg nach Deutschland.

In Deutschland lief für die beiden bisher alles gut. Sie fühlen sich sicher und wohl. Schon der erste Besuch beim Arbeitsamt war erfolgreich. Reza musste einen Test bestehen und zwei Wochen später bekam er den Brief mit der Zusage, dass er die Berufsschule am Holstenwall besuchen dürfe. Dort lernt er nun Deutsch, wird aber auch in Mathematik, Erdkunde und Englisch unterrichtet. Er genieße das, sagt er. Ab September soll er für acht Wochen ein Praktikum in einer Klempnerei absolvieren. Darauf freue er sich schon sehr. Das Beste an dem Praktikum sei, dass er nur mit Deutschen arbeiten würde, sagt er. Er möchte noch viel mehr Deutsch sprechen und lernen. Die Berufsschule wird er im Jahr

2018 abgeschlossen haben. Er wünscht sich, anschließend wieder als Fliesenleger arbeiten zu dürfen.

Shakila kümmert sich um Mohadese und bald auch um Mohadeses Bruder. Denn Shakila ist im fünften Monat schwanger. „Ein Mädchen, ein Junge, danach fertig“, sagt Reza. Shakila hört die meiste Zeit einfach nur interessiert zu. Leider könne sie nun auch während der nächsten Monate nicht zur Schule gehen, da sie sich ja um das Baby kümmern müsse. Aber danach würde sie gern, sagt sie. Bis dahin nutzt Shakila jede Chance und besucht die Deutschkurse, die von Ehrenamtlichen im Pastorat oder in ihrer Unterkunft angeboten werden.

Das junge Paar ist optimistisch. Zwar bewohnen sie im Moment ein sehr kleines Zimmer und haben noch einige Hürden vor sich. Aber sie sind überzeugt, dass ihre Kinder hier in Deutschland eine bessere Zukunft haben werden.

REZEPT Ashak Teigtaschen mit Füllung

Zutaten 4-6 Personen

Für die Teigtaschen

- 600 g Weizenmehl
- ½ TL Salz
- ½ TL Trockenhefe
- ca. 300 ml Wasser

Für die Füllung

- 2 ½ Bund Lauchzwiebeln (auch Gemüsezwiebeln oder andere Kräuter sind möglich)
- ½ Bund Koriander
- 1 ½ EL Salz
- 1 TL schwarzer Pfeffer (gemahlen)

Zubereitung

gefüllte Teigtaschen

Zuerst das Mehl mit dem Salz, der Hefe und dem Wasser zu einem Teig vermengen.

Anschließend den Teig mit einem Geschirrhandtuch abdecken und ruhen lassen, bis die nachfolgenden Schritte abgeschlossen sind.

Die Lauchzwiebeln in kleine Röllchen schneiden, den Koriander fein schneiden und alles in einer Schüssel zusammen mit Salz und Pfeffer sorgfältig vermengen.

Den Teig ein weiteres Mal kurz kneten und mithilfe eines Nudelholzes dünn ausrollen. Ist die Arbeitsplatte zu klein, um den ganzen Teig auf einmal auszurollen, können kleine Teigstücke einzeln ausgerollt werden. Anschließend mit einem runden Ausstecher (oder einem dünnwandigen Glas) den Teig ausstechen und auf einen für diese Größe ausgelegten Dumpling Former* legen. In die Mitte so viel von den Lauchzwiebeln drapieren, dass sich die Teigtaschen an den Seiten gut zudrücken lassen. Steht kein Dumpling-Former zur Verfügung, müssen die Teigkreise per Hand gefüllt und verschlossen werden. Die Ränder können dann mithilfe einer Gabel angedrückt werden.

Die geformten Teigtaschen in kochendem Salzwasser rund 10 Minuten garen.
Zu den Teigtaschen werden eine Sauce und Joghurt gereicht.

**kreisrundes Utensil, welches mittig umgeklappt wird, sodass ein gefüllter Halbkreis entsteht; wird unter anderem für die Herstellung von Ravioli oder ähnlichen Teigtaschen verwendet*

Zutaten 4-6 Personen

Für die Sauce

- 250 g Lammhack (es kann auch anderes Hack verwendet werden)
- 3 Tomaten
- 3 Zwiebeln
- 3 Knoblauchzehen
- 1 ½ EL Tomatenmark
- ½ EL Salz
- ½ TL schwarzer Pfeffer (gemahlen)
- ½ TL Kurkuma (gemahlen)
- ½ TL Zimt
- etwas Rapsöl

Für den Joghurt

- 1,250 kg Joghurt (3,8 %)
- 2 Knoblauchzehen
- Salz

Zubereitung

Sauce

Die rohen Zwiebeln grob schneiden, mixen und in einer Pfanne in Rapsöl anschwitzen.

Das Lammhack hinzugeben, kurz anbraten und mit Salz, Pfeffer und Kurkuma würzen.

Anschließend die pürierten Tomaten, das Tomatenmark, den gepressten Knoblauch und den Zimt hinzugeben. Alles gut vermengen und auf kleiner Stufe ca. eine halbe Stunde köcheln lassen, zwischendurch umrühren.

Joghurt

Den Joghurt nach Belieben zusammen mit gepresstem Knoblauch und Salz gut verrühren.

Tipp: Der Joghurt kann verwendet werden, damit die Teigtaschen nicht aneinander oder am Tellerboden kleben bleiben. Dafür die Teigtaschen beispielsweise in einer großen Schüssel schichten und vor und nach jeder Schicht etwas Joghurt auf die Taschen geben bzw. den Tellerboden damit bestreichen.

PEACE

NASIM 22 Jahre
YAHYAH 24 Jahre
NEGAR 3 Jahre
aus Afganistan

SHOLE ZARD

Es war die große Liebe, aber Nasim war schon einem anderen Mann versprochen. So gab es für sie und Yahya keinen anderen Ausweg, sie zogen im Jahr 2010 nach Iran. Dort heirateten sie und Tochter Negar kam zur Welt.

Nasim und Yahya sind Hazara, eine in Afghanistan verfolgte Minderheit. Aber auch in Iran seien sie wegen ihrer ethnischen Zugehörigkeit mehrfach in Keller eingesperrt worden, und man hätte mit Abschiebung gedroht, erzählt Yahya. Ihr nächstes Ziel war die Türkei. Sie gingen zu Fuß. Sie hatten Angst und Hunger - außer Wasser und ein paar Keksen konnten sie keinen Proviant mitnehmen. Sie liefen durch Wälder und machten jede Stunde eine Pause, um der kleinen Negar aus dem Flaschendeckel etwas Wasser einzuflößen und einen Keks zu geben. Das Mädchen war erst wenige Monate alt.

Von der Türkei aus ging es in einem Boot mit 40 anderen Passagieren über das Mittelmeer nach Griechenland. Die gesamte Bootsfahrt über hielt Yahya seiner kleinen Tochter die Augen zu, damit sie nichts mitbekam von dem Schrecken um sie herum und dem Grauen und der Aufregung der Menschen auf dem Boot. Von Griechenland aus wollten sie nach Hamburg. Ein Schlepper knüpfte ihnen insgesamt umgerechnet 8000 Euro ab.

Von all dem ist heute, am Kochabend, nichts zu bemerken. Nasim und Yahya sind glücklich, gerade sei die Nachricht gekommen, dass Negar einen Platz in einer Kindertagesstätte bekommen habe. Dort wird sie schnell Deutsch lernen. Die Eltern besuchen zwar beide einen Deutschkurs, haben mit ihrer Tochter aber nur Farsi gesprochen. Yahya möchte später am liebsten zur Berufsfeuerwehr gehören und möglichst vielen Menschen in Not helfen. In Afghanistan war er Metallschweißer, aber daran hängt sein Herz nicht. Nasim hat bisher noch nie gearbeitet, möchte das aber ändern. Am liebsten wäre sie Krankenschwester.

Während Yahya den Teig ausrollt und Formen für die Teigtaschen hineindrückt, spielt die kleine Negar fröhlich mit einem Ball und fordert die Großen zum Werfen und Fangen auf. Nasim unterhält sich angeregt mit ihrer Freundin Shakilah. Das lebendige Treiben zweier junger Familien erfüllt den Raum, begleitet nur von unserer Vorfreude auf Shole Zard, den duftenden gelben Reispudding.

REZEPT Shole Zard **gelber Reispudding**

Zutaten 4-6 Personen

- 500 g Basmati-Reis
- 500 g Zucker
- 50 g Butter
- 150 ml Rosenwasser
- 2 TL gemahlener Kardamom
- 1 g Safranfäden
- gemahlener Zimt
- Pistazien für die Dekoration

Zubereitung

Vor Kochbeginn den Reis ca. 2 Stunden lang in kaltem Wasser vorquellen lassen.

Außerdem die Safranfäden in einem Glas mit ca. 200 ml aufgekochtem Wasser für etwa 1 Stunde einlegen.

Anschließend den Reis in einem großen Kochtopf in etwa der doppelten Menge Wasser bei starker Hitze kochen.

Nach einer halben Stunde den Zucker hinzugeben und unterrühren. Zwischendurch immer wieder umrühren, um ein Anbrennen zu verhindern. Gegebenenfalls kochendes Wasser (z. B. aus dem Wasserkocher) nachgießen, damit der Reis ständig mit Wasser bedeckt ist.

Eine halbe Stunde später zunächst Butter, Rosenwasser, Kardamom und die Safranfäden (inklusive des Wassers, in dem der Safran eingelegt war) hinzugeben und unterrühren. Nun den Reis bei mittlerer Stufe noch etwa 30 Minuten fertig garen (umrühren nicht vergessen!).

Danach den Reis in kleine Schälchen abfüllen und abkühlen lassen. Wenn der Reis eine puddingähnliche Konsistenz erreicht hat, kann dieser mit dem Zimt und den Pistazien dekoriert werden.

PEACE

KOUROSH
42 Jahre
MEHRZAD
27 Jahre
aus Iran

GHORMEH SABZI
ZERESHK POLO BA MORGH
SCHIRAZ-SALAT

Als Kourosh seiner Mutter am Telefon erzählte, dass er für 20 Personen Ghormeh Sabzi kochen wird, war ihre Antwort: „Du musst verrückt sein!" Ghormeh Sabzi („Kräutereintopf") ist ein traditionelles, persisches Gericht und besteht in der Regel aus den drei Hauptkräutern Petersilie, Bockshornklee und Ackerlauch. Kourosh hat das Rezept etwas abgewandelt und fügt noch eine große Menge Koriander hinzu. Der 42-jährige Iraner ist ein humorvoller und herzlicher Mann. Sein Blick ist warm und freundlich. In Teheran hat er als Buchhalter in einem großen Unternehmen gearbeitet. In Hamburg muss er noch einmal von vorn anfangen. Aber darauf freut er sich. Seit zwei Jahren ist er hier, hat aber erst vor einem Monat Bescheid bekommen, dass er bleiben darf. Mit dieser guten Nachricht ging für ihn die Erlaubnis einher, den ersehnten Deutschkurs besuchen zu dürfen.

Kochen ist nur eines seiner Hobbys. Noch lieber fährt Kourosh Autorallyes. Zu Hause in Teheran hatte er einen alten BMW aus den Siebzigerjahren. Musik mag er auch, erzählt er, besonders Songs aus dem Bereich der Rock- und Popmusik, von Bon Jovi oder Chris Rea. Sein jüngerer Freund und Mitbewohner Mehrzad hat da einen ganz anderen Geschmack. Er hört eher elektronische Musik oder persischen Rap. Auch beim Sport haben die beiden Freunde, die heute zum Essen eingeladen haben, unterschiedliche Vorlieben. Der großgewachsene Mehrzad ist Basketballspieler. Hier in Hamburg spielt er allerdings nur in einer Freizeit-Mannschaft, die sich jeden Sonntag in einer Schulturnhalle trifft.

Mehrzad kommt auch aus Iran, allerdings aus dem Südwesten, aus der Stadt Ahvaz. Sie liegt am Ufer des Flusses Karun, mitten in der Provinz Chuzestan am Persischen Golf. Die Männer sind allein nach Deutschland gekommen. Kourosh war verheiratet, ist aber mittlerweile geschieden. Kinder hat er nicht, dafür aber einen kleinen Neffen, der in Syrien bei seiner Schwester lebt.

Mehrzad und Kourosh teilen sich ein Zimmer in einer Folgeunterkunft. Sie verbringen viel Zeit miteinander und verstehen sich gut. Streit gebe es kaum, sagen sie. Wie eingespielt die beiden sind, können wir beim Kochen des Kräutereintopfs beobachten. Hand in Hand arbeiten sie, damit das Essen pünktlich um 18 Uhr auf dem Tisch stehen kann. Da nur eine Pfanne zur Verfügung steht, werden die gewaschenen und geschnittenen Kräuter in Einzelportionen angebraten. Mehrzad ist nervös, Kourosh wirkt gelassen. Nicht ohne Grund haben sich die beiden für dieses Gericht entschieden. „Jeder bei uns liebt Ghormeh Sabzi", schwärmt Kourosh, während er die Kräuter im knisternden Öl hin und her wendet. Die Düfte, die aus der Pfanne aufsteigen, lassen ahnen, dass wir diese Liebe teilen werden.

Als die dampfenden Platten vor uns stehen und wir den grünen Eintopf genießen, sind wir froh und dankbar dafür, dass Kourosh nicht auf seine Mutter gehört hat.

Hotel
LENSAHN

REZEPT Ghormeh Sabzi grüner Eintopf

Zutaten 6 Personen

- 1,2 kg Rindergulasch (z. B. aus der Ober- oder Unterschale)
- 500 ml Rinderfond
- 2 Stangen Lauch
- 4 Zwiebeln
- 500 g Reis
- 3 Bund Koriander
- 3 Bund glatte Petersilie
- 250 g getrocknete rote Bohnen (schnelle Alternative: 400-500 g Kidneybohnen aus der Dose)
- 300 g Basmatireis
- 2 persische (dünne) Fladenbrote
- 50 g Butter
- 2 Limo Amani (getrocknete persische Limone)
- 2 TL Kurkuma
- 1 Zimtstange
- getrockneter Bockshornklee (alternativ: gemahlener Bockshornklee „Cemen")
- Salz
- schwarzer Pfeffer
- Sonnenblumenöl

Zubereitung

Die getrockneten Bohnen mindestens 12 Stunden vorher in reichlich kaltem Wasser einweichen.

Zwiebeln schälen, in feine Streifen schneiden und beiseite stellen. In einem schweren Topf etwa 60 ml Sonnenblumenöl erhitzen. Darin das Fleisch bei starker Hitze anbraten. Die Zwiebelstreifen hinzugeben und mit anschwitzen. Dann die Temperatur etwas reduzieren. Mit Salz und schwarzem Pfeffer würzen. Kurkuma und Zimtstange hinzufügen. Mit Rinderfond auffüllen, so dass die Oberfläche gerade bedeckt ist. Bei geschlossenem Deckel bei mittlerer Hitze etwa zwei Stunden schmoren, bis das Fleisch zart ist.

Die eingeweichten Kidneybohnen in einem Topf mit kaltem Wasser und 1 TL Salz aufsetzen. Das Wasser zum Kochen bringen und die Bohnen bei mittlerer Temperatur für etwa eine Stunde ohne Deckel garen. Sie sollten noch etwas Biss haben. Anschließend die Bohnen durch ein Sieb abgießen, beiseitestellen.

Den Reis in einen Topf geben und mehrfach mit kaltem Wasser spülen. Dafür Wasser in den Topf füllen, Reis waschen, Wasser wieder abgießen, wieder mit Wasser auffüllen, Reis waschen usw. Den Vorgang wiederholen, bis das Wasser nicht mehr trüb ist. Den Reis anschließend mit Wasser bedecken. 1-2 TL Salz hinzugeben und für 1,5 Stunden quellen lassen.

Inzwischen Lauch, Koriander und Petersilie gründlich waschen. Vom Lauch nur die dunkelgrünen Abschnitte verwenden. Den Lauch der Länge nach in etwa 1 cm breite Streifen teilen. Anschließend in rautenförmige schmale Stücke schneiden. Petersilie und Koriander grob schneiden, mit dem Lauch in eine Schüssel geben und alles miteinander vermengen. In einer Pfanne etwa 4 EL Sonnenblumenöl erhitzen und darin den Lauch-Koriander-Petersilien-Mix bei mittlerer Hitze für etwa 10 Minuten anschwitzen. Auf einen Teller geben und beiseite stellen.

Den gequollenen Reis mit 50 ml Sonnenblumenöl aufsetzen und zum Kochen bringen. Etwa 15 Minuten bei schwacher Hitze köcheln lassen, bis der Reis fast gar ist. Den Reis im Sieb abgießen und noch einmal gründlich mit Wasser abspülen.
In einem Topf Sonnenblumenöl erhitzen und die persischen Brotfladen darin kurz von beiden Seiten anbraten. Die Fladen anschließend so auf dem Topfboden auslegen, dass dieser vollständig bedeckt ist. Den Reis auf das Fladenbrot geben und mit dem Stiel eines Kochlöffels Löcher in den Reis bohren. Den Topf mit einem Geschirrhandtuch abdecken und anschließend den Deckel fest aufsetzen und bei niedrigster Hitze für weitere 30 Minuten garen. Wenn der Reis gar ist, vorsichtig kalte Butterflocken unter den Reis heben.
Nachdem das Fleisch zart gegart ist, den gebratenen Kräuter-Mix dazu gegeben und vermengen. Falls notwendig kann noch weitere Flüssigkeit angegossen werden (Rinderfond oder Wasser). Limo Amani, 1 EL getrockneten Bockshornklee und die bereits gegarten Kidneybohnen hinzufügen. Das Ganze bei niedrigster Temperatur ziehen lassen. Ggf. abschließend mit Salz und Pfeffer abschmecken.

REZEPT *Ghormeh Sabzi* **grüner Eintopf**

Ghormeh Sabzi („Grüner Eintopf") ist ein traditionelles persisches Gericht. Es besteht in der Regel aus den drei verschiedenen Hauptkräutern Petersilie, Bockshornklee und Ackerlauch. Bei der Variante mit Koriander handelt es sich um eine Abwandlung. Weiterhin gehören rote Bohnen dazu, die über einen längeren Zeitraum in Öl und Wasser gegart werden, bis das Öl an der Wasseroberfläche steht. Auf Öl wurde in diesem Rezept verzichtet. Weitere Zutaten sind wahlweise Rind-, Hühner- oder vornehmlich Lammfleisch und getrocknete Limetten. Dazu wird Reis oder Tahchin (Reiskuchen) serviert. In Persien ist Ghormeh Sabzi ein echter Klassiker und gehört zu den Basics der persischen Küche.

REZEPT Zereshk Polo ba Morgh mit Schiraz-Salat

Zutaten 4 Personen

für Zereshk Polo ba Morgh
- 4 Hähnchenschenkel
- 1 g Safran
- 350 g Basmatireis
- 1½ Zwiebeln (groß)
- 3 EL Tomatenmark
- 4 EL Berberitzen
- 2 EL Pistazien (grün, ungesalzen)
- Salz/Pfeffer
- 2 TL Kurkuma
- Zucker
- Pflanzenöl

für Schiraz-Salat
- 2 Gurken
- 5 Tomaten
- 1 große Zwiebel
- Saft einer Zitrone
- Salz/Pfeffer

Zubereitung

Zereshk Polo ba Morgh

Die Hähnchenschenkel enthäuten, unter kaltem Wasser abspülen und trockentupfen.

Die Zwiebeln schälen, der Länge nach in Scheiben schneiden und mit ca. 50 ml Öl anbraten.

Die Hähnchenschenkel darauf legen und bei niedriger Hitze ca. 10-15 Minuten unter mehrmaligem Wenden schmoren. Mit Salz, Pfeffer und 2 TL Kurkuma würzen.

Weiter auf der nächsten Seite —>

REZEPT Zereshk Polo ba Morgh mit Schiraz-Salat

Die Hähnchenschenkel mit den Zwiebeln in einen Topf geben. 3 EL Tomatenmark mit 150 ml Wasser glattrühren und über das Hähnchen gegeben. Noch etwa 300 ml Wasser hinzufügen, bis das Hähnchen komplett mit Flüssigkeit bedeckt ist. Nochmals aufkochen lassen und bei geschlossenem Deckel auf niedriger Hitze für ca. 1 Stunde schmoren.

Den Basmatireis mit kaltem Wasser waschen und dann in einem Topf mit viel Wasser kochen. In das Kochwasser 1-2 EL Salz und 2 EL Pflanzenöl geben. Den Reis ca. 20 Minuten kochen, dabei gelegentlich umrühren. Anschließend abgießen und mit kaltem Wasser abspülen.

Den Topfboden des Reistopfs mit Öl bedecken und einen kleinen Spritzer Wasser dazu geben. Den Reis nun wieder in den Topf geben und mit einem Kochlöffel-Stiel ca. 1 cm breite Löcher in den Reis stechen.

Den Topf mit einem sauberen Geschirrhandtuch abdecken und den Deckel schließen. Dem Reis etwa 20 Minuten bei niedriger Hitze die Feuchtigkeit entziehen. Am Topfboden bildet sich dabei eine Kruste, die in der persischen Küche als Delikatesse gilt und Tahdig genannt wird.

Die Berberitzen mit etwas Öl in einem Topf vorsichtig anrösten (vorsicht, sie brennen leicht an!). Anschließend auf einem Teller verteilen und abkühlen lassen.

Die Safranfäden fein mörsern und in 50 ml kochendem Wasser auflösen. 1/3 des Reises mit dem Safran einfärben. Der Rest wird weiß gelassen.

Alles auf einer Platte anrichten und mit Berberitzen und Pistazien garnieren. Die Sauce des geschmorten Hähnchens wird separat gereicht.

Schiraz-Salat
Gurken, Zwiebeln und Tomaten in Würfel schneiden und in einer Schüssel miteinander vermengen. Mit Salz, Pfeffer und dem Zitronensaft abschmecken.

MOSTAFA
30 Jahre
NEMAT
27 Jahre
Afghanistan/Iran

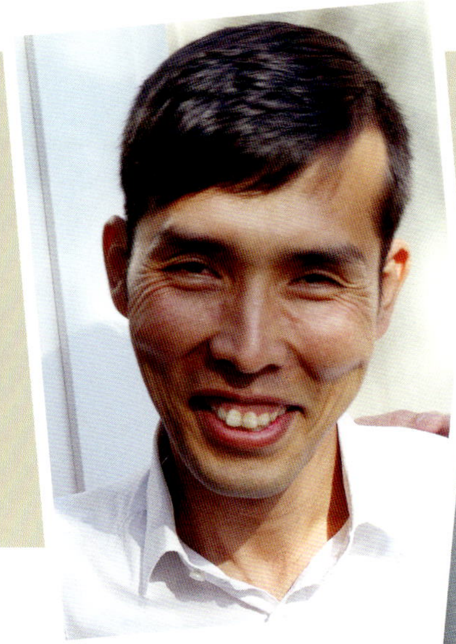

HÄHNCHEN BYRIANI

Das Universitätsgebäude nur von außen zu bestaunen, reichte Mostafa nicht. Seit er 19 Jahre alt war, träumt er von einem Studium. Aber das wäre in seinem Heimatland Iran als Afghane unmöglich gewesen. Nicht einmal betreten durfte er die Uni – sein Gesicht hätte ihn verraten, so sagt er. Er sei nämlich Hazara (die drittgrößte Ethnie Afghanistans, nach den Paschtunen und Tadschiken), wie Nemat, und das würde man sofort erkennen. Mostafa erklärt weiter, dass die Hazara mehrheitlich der schiitischen Konfession angehören und in der Heimat als Minderheit von den Sunniten verfolgt werden. Einige Hazara leben in Pakistan oder in Iran – so wie er und Nemat früher. Eine Zukunft sahen sie dort auch nicht.
Das Wiedersehen mit seinem Freund Nemat in der Zentralen Erstaufnahme an der Schnackenburgallee in Hamburg vor zwei Jahren war ein großer Zufall und eine noch viel größere Freude. Sie kennen sich jetzt seit 21 Jahren, sind in Iran im selben Dorf groß geworden. Jeder bedeutet für den anderen ein Stückchen Heimat in der Fremde und das hilft, wenn die Sehnsucht nach Frau und Kindern zu groß wird. Mostafa hat 20 Kilo abgenommen, seit er hier ist.

Die Köche sind auf einander eingespielt. Die Arbeit geht Hand in Hand. Wahrscheinlich liegt es daran, dass sie dieses „Erfolgsgericht" regelmäßig gemeinsam bei Einladungen kochen. Biryani heißt es, benannt nach dem Hauptgewürz. Während Mostafa und Nemat Hähnchenschenkel anbraten und den Reis wässern, erfahren wir etwas über afghanische Bräuche – zum Beispiel, dass man mit 20 Jahren verheiratet sein sollte. Nein, das sei nicht zu früh, sagt Mostafa und schüttelt zur Bestätigung den Kopf als wir zweifeln. Geheiratet werde heute aus Liebe, sagt er. Früher sei es anders gewesen. Suchte ein Mann sich eine Frau aus, besuchte dessen Familie erst einmal die der Erwählten und ließ sich Tee kochen. Entsprach dieser den Ansprüchen, gab die Familie ihren Segen.
Wir wollen wissen, ob es in Iran oder in Afghanistan auch einen Muttertag gibt. Wir kommen darauf zu sprechen, weil zwei Tage nach unserem Treffen der deutsche Muttertag gefeiert wird. „Natürlich", versichern beide. Auf den Muttertag werde viel Wert gelegt. Große, wertvolle Geschenke würden den Frauen gemacht, zumeist Schmuck.

Während des Essens gerät Mostafa ins Schwärmen, als er von den heimischen Reissorten berichtet. Dort gebe es Sorten, die man ohne weitere Zutaten ganz allein als Mahlzeit essen könne, so schmackhaft seien sie. Jedes Gericht hat seinen eigenen Reis. Und der wird wieder ganz speziell zubereitet – unterschiedlich oft gewaschen oder gewässert, jeder braucht individuelle Ruhezeiten. Natürlich hat Mostafa heute auch seinen eigenen Reis mitgebracht.

Wir genießen das Biryani, was, zugegeben, für einen empfindlichen Gaumen ganz schön scharf ist. Nemat hat sehr großzügig gewürzt. Er ist der Stillere von beiden. „Deutsch ist schwer", sagt er und lächelt. „Es gibt keine Regel, wann ein Wort männlich, weiblich oder neutral ist. Warum heißt es zum Beispiel die Frau, aber das Mädchen?" Wir haben ebenfalls noch eine ungeklärte Frage: Was ist eigentlich mit Vatertag? Bekommt der Mann auch große Geschenke? Beide grinsen. Für ihn gibt es meist Socken und Unterhosen.

Shan
RECIPE & SEASONING MIX
Malay
Chicken Biryani
CHICKEN LAYERED PILAF
60 g/2.1 oz

REZEPT Hähnchen Byriani mit Reis

Zutaten 4 Personen

- 4 Hähnchenschenkel (ohne Haut)
- 1 große rote Zwiebel
- 12 EL Sonnenblumenöl
- 1 Packung Shan Malay Chicken Biryani Mix (Gewürzmischung, 60 g)
- 500 g Reis (vorzugsweise Pamir Darbari: afghanischer Basmati Reis)
- ½ EL Tomatenmark
- 4-5 Kartoffeln (vorwiegend festkochend)
- ½ TL scharfes Paprikapulver
- 50 g Butter
- Salz/Pfeffer
- 1 Bund Koriander oder glatte Petersilie als Garnitur

Zubereitung

Hähnchen

Den Reis in einen Topf geben und mit kaltem Wasser begießen, so dass der Reis leicht bedeckt ist. Für ca. 4 Stunden vorquellen lassen.

Die Hähnchenschenkel mit einem scharfen Messer leicht einritzen (max. 0,5 cm).

4 EL Sonnenblumenöl in einer Pfanne erhitzen. Die Hähnchenschenkel darin von beiden Seiten scharf anbraten. Anschließend bei mittlerer Hitze fertig garen, entnehmen und beiseite stellen.

Die Kartoffeln schälen und der Länge nach in dicke Scheiben schneiden.

Die rote Zwiebel schälen, halbieren, in Längsstreifen schneiden und mit 4 EL Sonnenblumenöl in einer Pfanne leicht anbraten.

Anschließend die Shan Malay Chicken Biryani Gewürzmischung hinzugeben und kurz mit anschwitzen, so dass die Gewürze ihr volles Aroma entfalten. ½ EL Tomatenmark und ½ TL scharfes Paprikapulver hinzufügen.

Den Ansatz mit 500-600 ml Wasser auffüllen und die gegarten Hähnchenschenkel beigeben. Das Ganze noch einmal zum Kochen bringen und anschließend für etwa 15-20 Minuten bei niedriger Hitze mit Deckel köcheln lassen.
Zum Schluss mit Salz und Pfeffer abschmecken.

Reis

Zunächst das Wasser vom Reis abgießen, mit frischem auffüllen und mit den Händen behutsam durchrühren. Das Wasser erneut abgießen. Diesen Vorgang insgesamt dreimal wiederholen.
3-4 Liter Wasser in einen Topf geben und zum Kochen bringen. 3 gehäufte EL Salz hineingeben. Den gewaschenen Reis ins kochende Wasser geben und unter gelegentlichem Rühren so lange kochen, bis der Reis noch leicht bissfest ist. Den Reis durch ein Sieb gießen und abtropfen lassen.

In einen großen Topf etwa 4 EL Sonnenblumenöl geben und die Kartoffelscheiben darin auslegen, so dass dieser vollständig bedeckt ist.

Etwa 1/3 der gekochten Reismenge auf die Kartoffeln geben.
Im Anschluss das Hähnchen und die Hälfte der Sauce darauf schichten.
Wieder 1/3 der gekochten Reismenge auf das Hähnchen geben.
Die restliche Sauce auf dem Reis verteilen und das letzte Drittel Reis darauf verteilen.

Mit einem Kochlöffel 4-5 Löcher bis zum Topfboden in den Reis stechen. Wer mag, gibt Butterflocken in die Löcher für eine buttrige Note. Den Topf mit einem sauberen Tuch abdecken, den Deckel aufsetzen und für 5 Minuten bei mittlerer Temperatur erhitzen. Anschließend für weitere 10-15 Minuten bei schwacher Hitze ziehen lassen.

Zum Schluss alle Zutaten miteinander vermengen und in einer Schale oder auf einer Platte anrichten. Als Garnitur eignet sich frischer Koriander oder glatte Petersilie.

SEHAM
48 Jahre
Palästinenserin aus Syrien

WARAK INAB

Weinblätter sind etwas für Geduldige. Seham hatte geplant, den Inhalt zweier Pakete mit Weinblättern zu rollen. Ausreichend Füllung hat sie auch vorbereitet. Aber unsere Geduld reicht nur für eines. Sorgfältig und gleichmäßig müssen die eingeweichten Weinblätter gefüllt, gedrückt, aufgerollt und gefaltet werden. Eines nach dem anderen. So mühsam gerollt, so schnell verspeist. Aber die Mühe lohnt sich – da sind wir uns später beim Essen einig. Bisher kannten wir nur die türkische Variante Yaprak Sarmasi. Das syrische Warak Inab ist aber etwas anders. Schmaler, fester gewickelt, würziger. Zudem werden die Röllchen vor dem Verzehr mit großen Mengen Zitronensaft beträufelt. Natürlich ist das ein Familienrezept von Sehams Mutter.

Seham kommt aus Damaskus, betont aber, dass sie Palästinenserin sei. Ihre Eltern sind 1967 aus Palästina geflohen. Sie selbst ist in Syrien geboren. Wie ihre Cousine Haifa, die parallel an diesem Abend mit uns ein anderes Gericht kocht. Seham lebt seit sechs Monaten hier in Hamburg in einer Erstaufnahmeeinrichtung, in der sie komplett verpflegt wird und wo Kochen verboten ist. Das Essen dort schmecke ihr nicht so gut, daher ernähre sie sich überwiegend von kalten Mahlzeiten oder von Snacks, die sie sich im Zimmer selbst zubereite, erzählt sie. Das Kochen fehle ihr sehr. In Syrien habe sie täglich gekocht, auch sehr aufwändig. Selbst den Couscous habe sie eigenhändig aus Mehl hergestellt. Ein Glück, dass sie einmal in der Woche von ihrem Cousin eingeladen wird! Der lebt in einer Folgeunterkunft, wo Kochen selbstverständlich ist.

Sehams Flucht nach Deutschland begann im Libanon, wohin sie mit ihrer Cousine Haifa, deren Mutter und kleinen Schwester bereits ein Jahr zuvor geflohen war. Von Libanon gibt es keinen Landweg in die Türkei. Daher entschlossen sich die vier Frauen, noch einmal zurück nach Syrien zu gehen, um von dort aus den Fußmarsch in die Türkei anzutreten. Dort angekommen machten sie sich auf nach Griechenland und gelangten über Mazedonien, Kroatien und Österreich nach Deutschland. Zu Fuß. Wochenlang.

Seham vermisst Syrien. Sie möchte zurück in ihre Heimat.
Nicht jetzt. Aber irgendwann. So richtig angekommen sei sie hier noch nicht. Aber heute Abend fühlt sie sich wohl und freut sich, dass wir den großen Berg Warak Inab bis zum letzten Röllchen abbauen.

REZEPT Warak Inab gefüllte Weinblätter

Zutaten 4-6 Personen

- 500-600 g Baldo-Reis (sogenannter Mittelkornreis, gibt es z. B. im türkischen Supermarkt)
- 500 g eingelegte Weinblätter
- 5 TL Salz
- ½ TL schwarzer Pfeffer
- 1 ½ TL Sieben-Gewürze-Mischung
- 500 g Lammhack
- 6 EL Sonnenblumenöl
- 2 Tomaten
- Saft von 1-2 frischen Zitronen
- Naturjoghurt nach Belieben

Zubereitung

Den Reis für mindestens 10 Minuten in kaltem Wasser einweichen. Je länger der Reis einweicht, desto kürzer die Garzeit.
In der Zwischenzeit die eingelegten Weinblätter in kochendem Wasser kurz aufwallen lassen. Im Anschluss in ein Sieb geben und gut abtropfen.

Den Reis nach dem Einweichen nochmals gründlich mit Wasser durchspülen. Reis, 3 TL Salz, Pfeffer und die Sieben-Gewürze-Mischung in eine Schüssel geben und vermengen. Danach Hackfleisch und Öl hinzufügen und gut durchmengen.

Die Tomaten waschen, in Scheiben schneiden und auf dem Boden eines hohen Topfes verteilen.

Die Hackfleisch-Reis-Masse in die einzelnen Weinblätter wie folgt einwickeln: Vom Weinblatt zunächst den Stiel entfernen, die Oberseite des Blattes zeigt nach oben. Dann je nach Blattgröße ca. ½-1 TL der Hack-Reis-Masse auf das Blatt geben, die Seiten zuklappen und zu etwa 1-1,5 cm dicken Röllchen aufrollen. Hierbei ist zu beachten, dass die Röllchen sehr fest gewickelt werden müssen, da sie sich andernfalls beim Garen lösen. Röllchen drehen bis die Masse oder die Weinblätter zur Neige gehen. Dann die Röllchen eng in den Topf mit den Tomatenscheiben stapeln und 1 EL Salz darüber geben. Die Röllchen mit Wasser bedecken, beschweren (z. B. einen Teller mit Gewicht oder eine mit Wasser gefüllte Schale darauf stellen) und etwa 30 bis 60 Minuten garen, bis die Reis-Hack-Füllung weich ist.

Die Röllchen aus dem Topf auf eine Platte stürzen und mit Zitronensaft nach Belieben beträufeln. Zu „Warak Inab" wird traditionell Naturjoghurt als Dip serviert.

Tipp: Alternativ zu Weinblättern kann auch Weißkohl verwendet werden.

HAIFA
Palästinenserin aus Syrien

KABSI

Haifa lächelt nicht, sie strahlt. Nicht nur als sie uns ihre Hochzeitsbilder auf dem Handy zeigt, sondern den ganzen Abend. Vielleicht liegt es daran, dass sie für uns heute Kabsi kocht. Schon als kleines Mädchen hat sie sich gewünscht, Kabsi einmal selbst kochen zu dürfen. Das war jedoch stets ihrer Mutter vorbehalten. Vor einem Jahr erkrankte die Mutter, und Haifa wurde nun die Aufgabe übertragen, dieses würzige Gericht zuzubereiten. Seither kocht sie es leidenschaftlich gern, es ist ihr Lieblingsgericht.

Für Haifa bedeutet aber schon das gemeinsame Kochen an diesem Abend Glück. Sie kocht gern. Vor allem aber gehört es zu ihrer Identität. Identität – das ist etwas, wonach viele geflüchtete Menschen erst wieder suchen müssen. Kochen gibt ihr Halt in der Fremde. Haifa hat das Pech, dass sie in ihrer derzeitigen Unterkunft nicht kochen darf. Das ist in vielen Erstaufnahmezentren üblich. Die Bewohner werden zentral bekocht und umfänglich verpflegt. Für Haifa bedeutet es eine große Einschränkung. Sie lebt seit sechs Monaten in dieser Einrichtung. Einmal in der Woche besucht Haifa ihren Bruder in seiner Folgeunterkunft, dort darf gekocht werden. Zu diesem gemeinsamen Kochen nimmt sie immer ihre Mutter, ihre kleine Schwester und ihre Cousine Seham mit. Die vier Frauen sind gemeinsam nach Deutschland geflüchtet. Haifas Mutter ist 67 Jahre alt, ihr gesundheitlicher Zustand ist bedenklich. Es gab Momente auf der Flucht, in denen Haifa nicht mehr damit gerechnet hat, dass ihre Mutter es schaffen würde. Ihr Gesicht verschattet sich und sie weint, als sie sich an die lange und zehrende Zeit erinnert. Insgesamt hat ihre Flucht etwa ein Jahr gedauert. Haifas Mann ist noch immer in Syrien.

Haifa mag Deutschland. Besonders schätze sie die Pünktlichkeit. Und die einheitlichen Essens- und Schlafenszeiten der Deutschen. In Syrien esse man manchmal erst gegen Mitternacht zu Abend, erzählt sie. Dafür verzichte man eher auf das Frühstück. Das Wetter hier sei für sie auch kein Problem. „Wie in Syrien", sagt Haifa. Dort, wo sie herkommt, sind Klima und Jahreszeitenwechsel vergleichbar mit unseren. Haifa ist Palästinenserin – das betont sie. Geboren ist sie in Syrien, wohin ihre Eltern 1967 geflohen waren. Das Essen wird aufgetischt, wir genießen die Köstlichkeiten. Und Haifa freut sich sichtlich. Die Stimmung ist entspannt und fröhlich. Haifa ist einer dieser Menschen, in deren Nähe man sich gleich wohlfühlt und gar nicht ganz genau erklären kann, warum das so ist. Aber es ist spät geworden und Haifa muss zurück in die ZEA. Natürlich nicht ohne ein Abschiedsfoto. Darauf besteht sie. Wir stellen uns auf, nehmen sie in unsere Mitte und lächeln in die Kamera. Haifa strahlt.

REZEPT Kabsi **Hähnchenschenkel auf Gemüsereis**

Zutaten 4-6 Personen

- 4 Hähnchenschenkel
- 500 g Basmatireis
- 2 Zwiebeln
- 3 Karotten
- 2 grüne Paprika
- 1 gelbe Paprika
- 1 rote Spitzpaprika
- 1 grüne Peperoni
- 3 Tomaten
- 9 Knoblauchzehen
- 10 Lorbeerblätter
- 6 Kardamomkapseln
- 4 EL Joghurt (3,5 % Fett)
- 100 g Rosinen
- 150 g Cashewkerne
- 3 ½ EL Tomatenmark
- 2 EL milde Paprikapaste
- 1 Würfel Hühnerbrühe
- Sonnenblumenöl
- 7-Gewürze-Mischung
- Kabsi-Gewürzmischung
- schwarzer Pfeffer (gemahlen)
- Salz

Zubereitung

Den Reis in ein Sieb geben und unter fließendem, kalten Wasser waschen. Anschließend ca. 1 Stunde in einer Schüssel mit kaltem Wasser quellen lassen.

Die Hähnchenschenkel in einen großen Topf mit reichlich Wasser legen, sodass die Schenkel vollkommen bedeckt sind.
Eine Zwiebel achteln und mit den Lorbeerblättern und dem Kardamom zum Huhn geben. Bei geschlossenem Deckel auf höchster Stufe zum Kochen bringen.

In der Zwischenzeit das übrige Gemüse und den Knoblauch in kleine Würfel schneiden.
Sobald die Hähnchenschenkel kochen, einen Brühwürfel, 2 EL Kabsi-Gewürz und 1 TL 7- Gewürze-Mischung hinzugeben.

In einem weiteren Topf etwa 100 ml Sonnenblumenöl erhitzen und zunächst die Zwiebel und den Knoblauch darin anschwitzten. Die Paprikawürfel hinzugeben und kurz anbraten, anschließend die Tomaten hinzufügen. Das angeschwitzte Gemüse mit 3 Kellen der Hühnerbrühe ablöschen. Alles mit 2 EL Tomatenmark, 1 EL milder Paprikapaste, 1 EL Kabsi-Gewürz, 1 EL 7-Gewürze-Mischung, 1 EL Salz sowie 1 TL schwarzem Pfeffer würzen. Mehrmals umrühren und bei geschlossenem Deckel weiter kochen lassen.

In einer Schüssel eine Paste aus 5 gepressten Knoblauchzehen, 4 EL Joghurt, 1,5 EL Tomatenmark, 1 EL milder Paprikapaste, 1 EL Salz, ½ EL 7-Gewürze-Mischung, 1 TL Pfeffer und 1,5 Kellen der Brühe anrühren.

Die Hähnchenschenkel aus dem Sud heben, auf ein tiefes Backblech legen und mit der Paste gleichmäßig bepinseln. Außerdem 6 Kellen der Brühe auf das Blech gießen.

Anschließend im Backofen bei 175°C auf oberster Schiene ca. 30 Minuten weitergaren. Die Brühe, in der die Schenkel gekocht wurden, durch ein Sieb passieren.

Den Reis zu dem Gemüse in den Topf geben. 100 g Rosinen, 2 EL Kabsi-Gewürz sowie 6,5 Kellen der Brühe hinzugeben, umrühren und so lange köcheln, bis der Reis gar ist.

Die Cashewkerne der Länge nach halbieren, in einer Pfanne in etwas Sonnenblumenöl anrösten und anschließend über den fertigen Reis geben.

Den Reis auf einer großen Platte anrichten und die goldbraunen Hühnchenschenkel darauf platzieren.

PEACE

ZWEITES TREFFEN

mit Mohammad
38 Jahre
aus Syrien

MAMOUL OSMALÌA

Mohammad, den syrischen Koch aus Damaskus, treffen wir zum zweiten Mal. Heute Abend möchte er in seiner eigenen Wohnung kochen. Er ist erst vor wenigen Monaten mit Frau und Tochter eingezogen. Mit liebevollen Details hat das Paar arabische Akzente gesetzt und so ein Stück Heimat in das Hamburger Zuhause geholt. Bunte Lampen aus kleinen Mosaiken und ein Teller mit duftenden Blüten und Kerzen vermitteln syrisches Flair.

Noch während Mohammad uns erklärt, welche Süßspeise er zubereiten wird, holt er einen Teller mit kleinen, halbrunden Teigtaschen aus dem Kühlschrank. Es sind selbstgemachte Pelmeni, die er mit Kartoffelpüree gefüllt hat, und nun für seine Tochter in Wasser kocht. Die Kleine mag ihr Abendessen mit Mayonnaise und Ketchup, wir bekommen zu einem Teller Pelmeni Mohammads hausgemachten Joghurt. Schon beim ersten Bissen sind wir ihnen verfallen, sie schmecken wunderbar, cremig-kartoffelig und – durch den Joghurt – angenehm frisch zugleich.

Die Pelmeni sind nicht in der syrischen, sondern in der russischen und polnischen Küche beheimatet. Mohammad hatte schon beim vorangegangenen Treffen erzählt, dass er einige Jahre in Weißrussland verbracht hat, der Heimat seiner Frau. Das ist auch der Grund, warum er die russische Sprache beherrscht, auf der er sich mit ihr und seiner Tochter verständigt.

Wir schauen ihm zu und lauschen gespannt und verwundert zugleich, wenn Mohammad von den Gepflogenheiten in seiner Heimat berichtet. So zum Beispiel, dass es an der Tür eines jeden Hauses zwei verschiedene Klopfer gibt, einen großen und einen kleinen. Der große wird von Männern benutzt, die zu Besuch kommen. Auf dieses Klopfen wird dann entsprechend ein Mann die Tür öffnen. Frauen verwenden die kleinen und werden dann auch von einer Frau empfangen.

In Syrien erhalte jeder Gast ungefragt einen Kaffee zur Begrüßung, erzählt Mohammad. Dazu werde ein Glas Wasser gereicht. Wird dieses vom Gast vor dem Kaffee getrunken, ist das ein Zeichen dafür, dass er hungrig ist. Natürlich wird umgehend etwas zu Essen angeboten. Positioniert der Gast den Henkel der Kaffeetasse von seinem Körper weg, signalisiert dies dem Gastgeber, dass er keinen Kaffee möchte. Das alles geschieht ohne Worte.

Der Kaffee spielt außerdem noch eine Rolle, wenn ein Mann um eine Frau wirbt. Die Familie der Auserwählten empfängt die des potenziellen Ehemannes und reicht Kaffee. Wenn die Braut nicht an dem Mann interessiert ist, spuckt sie in den Kaffee. Woran man das erkennt? Das sei nicht zu übersehen, antwortet Mohammad. Offen bleibt, woher er das weiß.

Als wir um den runden Tisch sitzen und die Törtchen verspeisen, ist es Mitternacht. Doch bevor wir unsere Heimreise antreten, wird uns von Mohammad und seiner Frau noch Tee angeboten. Die Mischung – wie könnte es anders sein – hat Mohammad selbst zusammengestellt. Sie enthält unter anderem Kardamom. Und Jasmin, die Blume, die so typisch ist für seine Heimat Syrien.

REZEPT *Mamoul* mit viererlei Füllung zum Zuckerfest

Zutaten

für den Teig
- 1 ½ kg Mehl
- 750 g Ghee
- 100 g Butter
- 250 ml Wasser
- 300 g Puderzucker
- 1 gehäufter TL Mahlab
- Prise Salz

für die Füllungen
- 200 g Zucker
- 100 ml Wasser
- ½ TL Zitronensaft
- 1 Kardamomkapsel
- 500 g Pistazien
- 500 g Walnüsse
- 350 g getrocknete Feigen
- 350 g Datteln (Ajwa Khajoor)
- 4 x je ½ Verschlusskappen Orangenblütenwasser
- 3 ½ EL Ghee
- 1 EL Kokosraspeln
- ½ EL Puderzucker
- Puderzucker zum Bestäuben

Zubereitung

Teig

Das Mehl mit dem Ghee und der Butter etwa 5-6 Minuten sanft miteinander verreiben, nicht kneten. Die Fette sollten für die Verarbeitung weich, aber nicht flüssig sein.
300 g Puderzucker und einen ½ TL Trockenhefe in 250 ml warmem Wasser auflösen, zum Teig geben und 1 gehäuften TL Mahlab vorsichtig unterheben, nicht kneten. Sobald der Teig glatt verarbeitet ist, abgedeckt für ca. 2-3 Stunden in den Kühlschrank stellen.

Füllungen

200 g Zucker mit 100 ml Wasser in einen Topf geben und auf höchster Stufe aufkochen, bis sich der Zucker komplett aufgelöst hat. ½ TL Zitronensaft sowie 1 Kapsel Kardamom dazugeben und mitkochen lassen. Hierbei entsteht ein Sirup, der nach und nach immer zäher wird. Nach ca. 20 Minuten 1 EL Orangenblütenwasser hinzufügen und den Herd auf niedrigste Stufe stellen. Falls die so entstandene Zuckermasse zwischenzeitlich zu fest wird, vor der Weiterverarbeitung einfach noch etwas Wasser und Zitronensaft hinzufügen und erneut kurz aufkochen lassen.
In der Zwischenzeit die anderen Zutaten für die verschiedenen Füllungen vorbereiten. Hierfür die Walnüsse und Pistazien in je einem Gefrierbeutel mit einem Nudelholz leicht zerdrücken.
Die Feigen und Datteln zunächst ganz fein hacken.

Walnussfüllung

Die zerkleinerten Walnüsse mit 1 EL Ghee, 1 EL Kokosraspeln, ½ EL Puderzucker. ½ Verschlusskappe Orangenblütenwasser sowie ca. 5 EL des Zuckersirups in einer Schüssel miteinander vermengen. Vorsicht, der Sirup ist heiß!

Pistazienfüllung

Die zerkleinerten Pistazien mit 1 EL Ghee, ½ Verschlusskappe Orangenblütenwasser sowie ca. 4 EL des Zuckersirups in einer Schüssel miteinander vermengen.

Dattelfüllung

Die kleingehackten Datteln mit 1 EL Ghee, ½ Verschlusskappe Orangenblütenwasser sowie ca. 3 EL des Zuckersirups verkneten. Die Dattelmasse nun zu einer daumendicken Wurst rollen und ca. 2 cm breite Stücke davon abschneiden.

Feigenfüllung

Die kleingehackten Feigen mit ½ EL Ghee, ½ Verschlusskappe Orangenblütenwasser sowie ca. 3 EL des Zuckersirups verkneten. Die Feigenmasse nun ebenfalls zu einer daumendicken Wurst rollen und ca. 2 cm breite Stücke davon abschneiden.

Den Teig aus dem Kühlschrank nehmen und daraus kleine Kugeln formen. Diese platt drücken und anschließend eine kleine Menge der jeweiligen Füllmasse darauf geben. Anschließend den Teig wieder zu einer Kugel formen und sorgfältig verschließen. Die Teigkugeln dann sanft in einen Mamoul-Löffel drücken, sodass die Füllung möglichst nicht aus dem Teig gedrückt wird.
Anschließend auf einem mit Backpapier ausgelegten Backblech bei ca. 180 °C für ca. 20-25 Minuten backen. Das Gebäck sollte dabei nicht zu viel Farbe annehmen. Abschließend mit Puderzucker bestäuben.

Diese Gebäcke werden bei Muslimen traditionell zum Fastenbrechen, dem Ende des Ramadans, gegessen.

Tipp: Um dem Gebäck seine typische Form zu verleihen, nimmt man am besten einen speziellen Mamoul-Löffel aus Kunststoff oder besser aus Holz. Diesen findet man im gut sortierten türkischen Supermarkt oder im Internet. Mohammad hatte ein Modell, in dem gleich vier verschiedene Motive bzw. Formen enthalten waren, wodurch wir die verschiedenen Füllungen anschließend unterscheiden konnten. Alternativ können die gefüllten Teigkugeln vor dem Backen auch einfach etwas plattgedrückt und mit einer Gabel oder einem Löffel mit verschiedenen Motiven verziert werden.

REZEPT Osmalia

Zutaten 4 Personen

für den „Pudding“ – Ashta*
- 1½ Tassen Milch (3,5 % Fett)
- 2 EL Speisestärke
- 1 ½ gehäufte EL Maisgries
- 1 Verschlusskappe Orangenblütenwasser
- 1 Kapsel Kardamom
- 2 ½ EL Zucker
- 100 ml Sahne
- Puderzucker zum Bestäuben

für den Sirup
- 1 Tasse Zucker
- 3/4 Tassen Wasser
- 1 Kardamomkapsel
- 1 Verschlusskappe Orangenblütenwasser
- 1 EL Zitronensaft

außerdem
- ca. 125 g Fadenteig (Taze Kadayıf)
- 1 Tasse Ghee (ca. 200 g)
- 1 Msp. rote Lebensmittelfarbe

Zubereitung

Sirup

Für den Sirup Wasser mit Zucker und Kardamom aufkochen und köcheln lassen, nach 25 Minuten Zitronensaft und Orangenblütenwasser dazugeben. Von der Flamme nehmen und abkühlen lassen.

Pudding

Für den Pudding alle Zutaten – außer der Sahne – kalt miteinander in einem Topf verrühren und unter ständigem Rühren aufkochen, sodass eine dickliche Crème entsteht. Nun die Sahne unterrühren und beiseite stellen.

Fertigstellung

Ghee in der Mikrowelle oder im Ofen flüssig werden lassen und die rote Farbe einrühren.
Den Fadenteig entwirren und dünne Stränge zu Schnecken aufwickeln. Diese dann als Boden in Muffinformen legen und mit ca. 3 TL Ghee begießen. (Es kann auch eine andere Form verwendet werden.) Wenn möglich, die Förmchen mit einer zweiten, mit Wasser gefüllten Form beschweren und bei 170 °C im vorgeheizten Ofen ca. 20 Minuten backen. Anschließend abkühlen lassen.
Zum Servieren den Pudding auf die Hälfte der Teigböden geben und die andere Hälfte der Teigböden daraufsetzen. Alles nach Belieben mit etwas Sirup beträufeln.

Dieses arabische Dessert ist knusprig und cremig zugleich, dazu noch angenehm süß.

**arabische Sahne*

GOLD MEDAL
PURE BUTTER GHEE

HYAM 45 Jahre
LULU 23 Jahre
aus Syrien

BATARSH MOLOKHYA

Fröhlich, agil, aufgeschlossen und kommunikativ – alles Eigenschaften, die „Lulu" für ihren Job zu Hause in Syrien brauchte. Sie arbeitete für einen Radiosender in Damaskus, hatte eine eigene Morgensendung. Dort berichtete sie rund um Syriens Prominenz, verlas Horoskope und unterhielt ihre Zuhörer. Und hier? „Hier bin ich nur Flüchtling", sagt sie. Ihrem Hobby, Namensforschung, geht sie aber weiter nach. Lilas Kouza, so heißt Lulu mit richtigem Namen, ist vor sieben Monaten mit ihrer dreijährigen Tochter Ronza und ihrer Mutter Hyam geflohen. Von Ronzas Vater ist sie geschieden. Zehn Tage hat es gedauert, bis sie über Beirut, die Türkei, Mazedonien und Österreich nach Hamburg kamen. Zehn Tage, die Lulu nicht vergisst. Anstrengend und zehrend war es, besonders die kalten Nächte. Nicht immer gab es Platz für die Drei in Unterkünften, manchmal mussten sie lange vor den Toren warten und hoffen.

Hyam kocht heute gemeinsam mit ihrer Tochter und ihrer Enkeltochter. Sie war es auch, die Lulu das Kochen beigebracht hat. In Syrien lernen die Frauen das Kochen von ihren Müttern. Eine Tradition, die bei uns mehr und mehr verloren geht. Aufgeschriebene Rezepte gibt es kaum, gekocht wird aus dem Bauch heraus. Männer lässt man lieber nicht an den Herd, da sind sich beide Frauen einig. Hyam habe das Kochen auch von ihrer Mutter gelernt, zumindest die meisten Gerichte. Einige habe ihr Bruder ihr beigebracht. Er arbeitet als Koch in Dubai. Hyam hat noch mehr Kinder, insgesamt drei Söhne und drei Töchter. Vier leben mittlerweile in Europa, zwei sind noch in Syrien.

In Hama (die Stadt liegt zwischen Aleppo und Damaskus) besaß Hyam einen Friseursalon, aber gekocht hat sie trotzdem täglich, zur Not im Voraus für den folgenden Tag. Mittags kommen die Männer in der zweistündigen Pause nach Hause zum Essen. So etwas wie Tiefkühlware oder Convenience-Food verwenden die beiden nicht. In Syrien werde alles frisch gekocht, möglichst mit regionalen Zutaten, erzählen sie.

Malokhya ist Lulus Lieblingsgericht. Das kocht sie natürlich auch heute für uns. „Ich liebe die Kombination aus Koriander und Knoblauch", sagt sie. Eine intensive Mischung, die am Ende das Gericht dominieren wird. Als Lulu die Einkaufstüten auspackt und wir die Hauptzutat „Molokhia" entdecken, sind wir überrascht und rätseln, was die grünen, getrockneten Blätter sein könnten. Tee? Getrocknete Brennnessel? Lulu sagt, dass man Molokhia in allen türkischen Läden bekommt. Es gehört zu den Malvengewächsen, wie wir später herausfinden, und wird auch ägyptischer Spinat genannt.

In der Küche herrscht geschäftiges Treiben und mittlerweile eine hungrige Vorfreude. Zwischen den Köchinnen, uns Küchenhelfern und den Fotografen sitzt Ronza auf dem Fußboden und blättert in Bilderbüchern. Die beiden Frauen arbeiten zügig. Wir stehen dabei und verfolgen gespannt die geschickten Handgriffe und Tricks. Auberginen schälen? Das ist für uns neu. Hyam bereitet Batarsh zu – eine Spezialität aus Hama. Aubergine mit Tahini, Tomate, Lammfleisch und Pinienkernen. In Syrien sei das eher ein Gericht für den Alltag, erklärt sie. In unseren Augen gleicht es einem Festmahl. Und so schmeckt es später auch.

REZEPT Batarsh **Lammfleisch mit Auberginen**

Zutaten 4-6 Personen

- 3 Auberginen
- 7 Knoblauchzehen
- 500 g Lammfleisch aus der Keule
- 2 Handvoll Pinienkerne
- 500 g stichfester Joghurt 3,8 % Fett (auch andere Fettstufen möglich)
- 3 EL Tahini
- 4 EL Tomatenmark
- Salz
- Pfeffer

Zubereitung

Die Auberginen mehrfach einstechen und im vorgeheizten Backofen bei 150 °C ca. 30 Minuten backen. Während die Aubergine backt, den Knoblauch schälen und beiseite stellen.

Das Lammfleisch in sehr kleine Stücke schneiden. Einen Finger breit Öl in einer Pfanne bei mittlerer Hitze erwärmen und die Pinienkerne darin rösten. Anschließend das Fleisch mit 1 TL Salz und ½ TL Pfeffer dazugeben und frittieren, bis es dunkelbraun ist. Gelegentlich umrühren.

Sobald die Auberginen gar sind (die Haut der Auberginen sollte braun sein und das Fruchtfleisch dem Fingerdruck leicht nachgeben), diese mit kaltem Wasser abspülen, schälen und in ca. 0,5 cm große Würfel schneiden.

Den Joghurt in eine große Schüssel füllen, den Knoblauch pressen und mit der Tahini unter den Joghurt rühren. Die Auberginenwürfel dazugeben, mit 1-2 TL Salz abschmecken und beiseite stellen.

In einer Pfanne ca. 4 EL Öl und 4 EL Tomatenmark bei mittlerer Hitze erwärmen. Ein Glas Wasser zugeben und mit ca. 1 TL Salz und ½ TL Pfeffer abschmecken.

Anrichten:
Die Joghurt-Auberginencreme auf eine Platte geben, die Tomatensoße darüber verteilen und anschließend das Fleisch darauf geben.

Dazu reicht Hyam arabisches Fladenbrot.

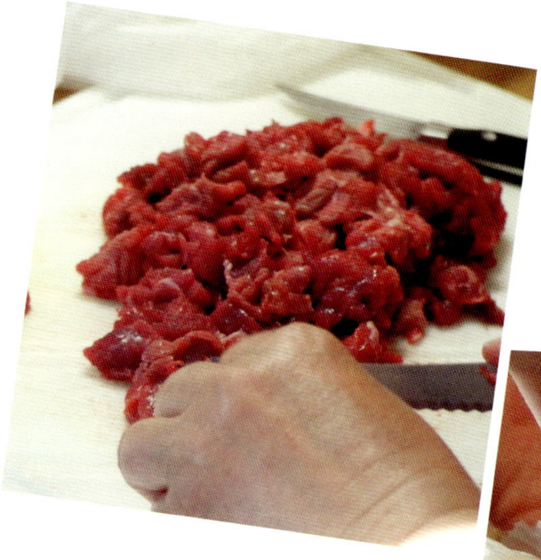

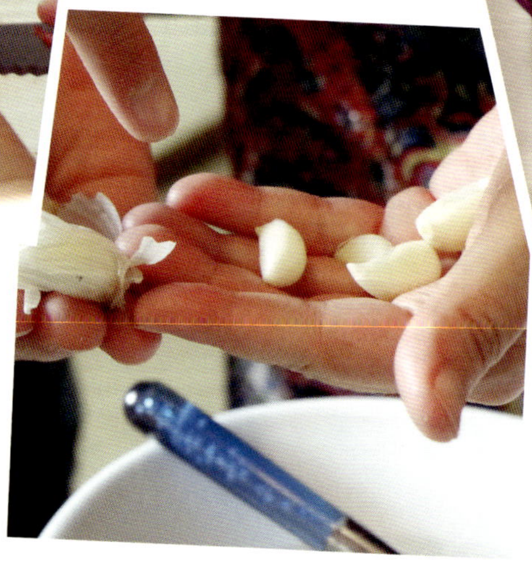

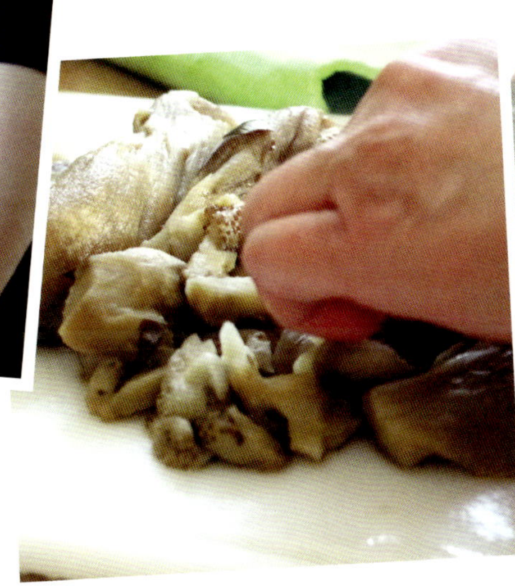

REZEPT Molokhya Huhn mit Malvengemüse

Zutaten 4 Personen

- 150 g Molokhia (getrocknete Malvenblätter)
- 4 Hähnchenbrüste á 250 g
- 1,5 l Geflügelbrühe
- 2 Bund Koriandergrün
- 15 Knoblauchzehen (je nach Geschmack kann die Menge reduziert werden)

Zubereitung

Molokhya in eine große Schüssel mit kaltem Wasser geben, so dass die Oberfläche bedeckt ist. Etwa 30 Minuten quellen lassen. Die Konsistenz bzw. Textur erinnert dann an die von gekochtem Blattspinat. Anschließend das Wasser abgießen und den Molokhya ausdrücken.
Die Hähnchenbrust in einem mittleren Topf mit Geflügelbrühe kalt aufsetzen. Wenn die Brühe zu kochen beginnt, setzt sich auf der Oberfläche ein weißer Schaum ab. Diesen sorgfältig abschöpfen. Das Fleisch bei mittlerer Hitze etwa 45 Minuten garkochen.
Dann das Fleisch herausnehmen und abkühlen lassen. Anschließend mit den Händen grob zerrupfen. Brühe aufbewahren und beiseite stellen.
Koriandergrün waschen, trockentupfen und fein schneiden, nicht hacken.
Die Knoblauchzehen schälen, mit einer Presse zerdrücken und anschließend mit dem Koriander vermengen.
2 ½ Tassen Reis in eine Schüssel geben und mit kaltem Wasser bedecken. Den Reis etwa 20 Minuten in kaltem Wasser stehen lassen. Anschließend durch ein Sieb abgießen und noch mal gründlich mit kaltem Wasser nachspülen.

In einem mittleren Topf 3 EL Sonnenblumenöl erhitzen. Den Reis hinzugeben und bei mittlerer Hitze farblos anschwitzen. 3 ½ Tassen Wasser hinzugeben. Mit ½ TL Salz und einer Prise schwarzem Pfeffer würzen. Kurz aufkochen lassen und dann bei niedriger Hitze mit geschlossenem Deckel für etwa 5-6 Minuten garziehen lassen. Der Reis hat die Flüssigkeit dann vollständig aufgenommen und kann serviert werden.

In einem großen Topf Sonnenblumenöl erhitzen und den ausgedrückten Molokhya darin anschwitzen. Anschließend das Hähnchen hinzugeben und mit der Geflügelbrühe aufgießen, sodass alle Zutaten gut bedeckt sind. Mit Salz und Pfeffer würzen und ca. 25 Minuten bei mittlerer Hitze köcheln lassen, bis die Flüssigkeit nahezu verkocht ist.

Währenddessen in einem mittleren Topf Sonnenblumenöl erhitzen und darin die Koriander-Knoblauch-Mischung für 2-3 Minuten glasig anschwitzen.
Molokhya auf einer großen Platte anrichten und die Koriander-Knoblauch-Mischung darauf verteilen. Den Reis separat servieren.

Molokhya wird häufig auch als „ägyptischer Spinat" bezeichnet, obwohl die Pflanze botanisch nicht mit dem Spinat verwandt ist. Allerdings ähneln die gekochten Blätter sehr unserem Spinat.

ZAKIA 47 Jahre
HAMIDA 27 Jahre
aus Afghanistan

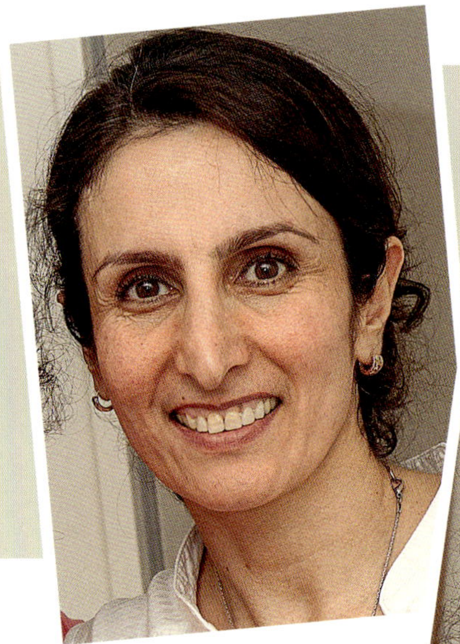

QABILI PALAU

Auf dem Gelände der neu gebauten Flüchtlingsunterkunft scheint sich herumgesprochen zu haben, dass heute in einer der Wohnungen mit Deutschen gekocht werden soll. Eine Schar aufgeregter Kinder begrüßt uns schon am Tor und begleitet uns bis an die Tür von Haus G, wo die beiden afghanischen Frauen, die wir treffen wollen, bereits warten.

Zakia und Hamida sind Mutter und Tochter und vor etwa eineinhalb Jahren nach Deutschland gekommen. Hamida ist stolz auf ihre Mutter. Sie habe enormen Mut und viel Kraft aufbringen müssen, um allein mit ihren vier Kindern aus Afghanistan zu fliehen. Zwei Monate hat die Flucht gedauert, vier Wochen davon sind sie jeden Tag zu Fuß gelaufen. Von Mazedonien hat man sie dreimal wieder zurück nach Griechenland gebracht. Das war im Oktober und im November 2015. Es war kalt, hat viel geregnet. „Das vergisst man nie", sagt Zakia. Zwei Monate lang habe sie kaum geschlafen – die ständige Angst um die Kinder hielt sie wach. Zakia hatte in Afghanistan ein eigenes Fitnessstudio für Frauen, was sie auch persönlich geleitet hat. Dabei ist es für Frauen in ihrem Land schwierig, einer Beschäftigung nachzugehen. Dass sie trotzdem ihrem Wunsch nachgehen konnte, habe auch daran gelegen, dass ihr Mann sie unterstützt habe. Er selbst sei ein Verfechter der Rechte von Frauen in Afghanistan gewesen. Vor zwei Jahren sei er ermordet worden. Das war der Zeitpunkt, an dem Zakia sich entschied, ihre Heimat zu verlassen.

Zakia und Hamida, die sich nach wie vor als Muslima begreifen, tragen hier in Deutschland kein Kopftuch. Für sie bedeutet das Freiheit. In den Augen manch anderer afghanischer Flüchtlinge sei das frevelhaft, erzählen sie.

Während wir uns über die afghanische Kultur unterhalten, bereitet Hamida den Spezialreis Qabili zu. Sie raspelt Karotten, verliest Rosinen, brutzelt Fleisch. Ein verführerischer Duft breitet sich in der kleinen Küche aus. Kochen hat Hamida im Alter von sieben Jahren von ihrer Mutter gelernt. Und sie ist auch jetzt noch diejenige, die meistens kocht. Es ist üblich, dass die Mädchen in Afghanistan mit elf oder zwölf Jahren lernen, die Familie mit Mahlzeiten zu versorgen – mindestens zwei am Tag, manchmal sogar drei, wenn es zum Frühstück auch etwas Warmes geben soll. Es sei ihnen nicht erlaubt, gemeinsam mit männlichem Besuch im Wohnzimmer zu sitzen, hören wir. Von Mädchen werde erwartet, dass sie die Mutter in der Küche unterstützen. In Afghanistan ist Küchenarbeit Frauensache. Dass in Deutschland auch Männer kochen oder Geschirr abwaschen, hat Zakia bei einer deutschen Familie erlebt. Das findet sie toll.

Zakia ist eine weltoffene, unabhängige, beherzte und moderne Frau, die zu Hause für ihre Rechte kämpfte - in einem Land, in dem Willkür gegenüber Frauen herrscht, in dem Frauen keine Entscheidungen treffen dürfen. Diesen Geist hat sie auch an ihre Tochter weitergegeben. Hamida studierte – wie ihr Bruder Haroon – Jura. Das abgeschlossene Studium nützt ihnen hier in Deutschland nichts, da die Rechtsformen beider Länder so verschieden sind. „In Afghanistan gilt islamisches Recht", sagt Zakia.

Wir sind davon beeindruckt, wie gut Zakia und Hamida Deutsch sprechen. Umso mehr, als wir erfahren, dass Zakia den B1- und B2-Deutschkurs innerhalb von nur vier Monaten absolviert hat. Das bedeutete jeden Tag acht Stunden Unterricht an sechs Tagen in der Woche, und dann noch Hausaufgaben – oft bis Mitternacht. Während Hamida immer wieder einen Blick in den gut gefüllten Reiskocher wirft, fragen wir sie, ob ihr das deutsche Essen schme-

cke. Ihre Antwort ist eindeutig. Nein, das deutsche Essen mag sie gar nicht. In jeder Speise sei Zucker enthalten, alles schmecke süß, sagt sie. „Und so viel Kuchen!" Das ist beiden Frauen aufgefallen, die Deutschen lieben ihren Kuchen. „Aber alle essen so kleine Portionen", sagt Zakia verwundert. Bei Beiersdorf, wo sie gerade ein Praktikum macht, staune sie jeden Tag, wie wenig die Frauen hier essen würden. „Wir essen Berge in Afghanistan", sagt sie lachend. So sehen sie aber beide nicht aus.

Hamida füllt nun einen „Berg" Reis in die bunte Porzellanschale, legt das Fleisch samt Knochen darauf und bedeckt alles mit einer weiteren Ladung Reis. Dazu wird der traditionelle Tee gereicht: Grüntee mit Karamell gesüßt. Wir schlemmen und überschütten die Köchinnen mit Lob.

Wenig später gesellt sich Haroon, Zakias Sohn, dazu. Er ist sehr höflich und freundlich, spricht beinahe fließend Deutsch. Schon in Afghanistan hat er angefangen, unsere Sprache zu lernen. Sein Ziel hier in Deutschland ist es, Politikwissenschaft zu studieren.

Haroon siezt seine Mutter, das überrascht uns und wir haken nach. In Afghanistan sieze man seine Eltern, das sei ein Zeichen von Respekt. Auch andere Personen, denen man Respekt zollen möchte, spricht man mit „Sie" an. Wir schämen uns im Nachhinein, zu Beginn viel zu schnell das „Du" vereinbart zu haben. Nicht nötig, beteuern alle drei, jetzt seien sie hier in Deutschland und wollen sich anpassen.

Zakia blickt voller Lebensmut nach vorn. Dort läge die Zukunft. Nur wenn es regne, kämen die Erinnerungen an die Flucht zurück – und mit ihnen die Angst.

REZEPT Qabili Palau **Reis mit Lamm und Rosinen**

Zutaten 4-6 Personen

- 500 g Basmati Reis
- 250 g Rindfleisch (Rippe am Knochen)
- 185 ml Sonnenblumenöl
- ½ mittelgroße Zwiebel
- 1 Tomate
- 2 Karotten
- 60 g Rosinen
- 1 EL Salz
- 1 TL gemahlener Kardamom
- 1 EL gemahlener Zimt
- 1 EL gemahlener Kreuzkümmel
- 1 TL gemahlener schwarzer Pfeffer

Zubereitung

Den Reis waschen und mindestens 2 Stunden in kaltem, ungesalzenem Wasser einweichen lassen.

Das Fleisch in grobe Stücke zerteilen. Ca. 60 ml Sonnenblumenöl erhitzen und das Fleisch darin anbraten. Die Zwiebel schälen und in ca. 0,5 cm große Stücke schneiden. Die Tomate waschen, den Strunk entfernen und die Früchte in Würfel schneiden.

Das Fleisch ca. 5 Minuten weiter braten, dann die Zwiebel hinzufügen und mit anschwitzen. Sobald die Zwiebelstücke glasig sind, die Tomatenwürfel dazugeben und kurz erhitzen. Dann ca. 400 ml Wasser in den Topf geben und das Fleisch kochen, bis es sich leicht vom Knochen lösen lässt.

In der Zwischenzeit die Karotten schälen und raspeln. Die Rosinen waschen und ggf. die Stiele entfernen.

Die Hälfte des Fleischsuds in einen weiteren Topf geben und mit Salz, Zimt, Kreuzkümmel, schwarzem Pfeffer und Kardamom würzen. In etwa 300-400 ml Wasser hinzufügen und den Sud erhitzen.

Ein Drittel der Karotten in den kochenden Sud geben. Anschließend den abgegossenen Reis, Rosinen sowie die restlichen 2/3 der geraspelten Karotten hinzufügen und alles vorsichtig durchmengen, da der Reis sonst brechen könnte. Anschließend mit Sud auffüllen, bis der Reis gut bedeckt ist (Reisgemisch + ca. 2 cm). Das Ganze kochen, bis der überflüssige Sud verdampft ist. Dann das Fleisch mit in den Topf geben und den Reis leicht bissfest garen.

Das Fleisch aus dem Topf nehmen und beiseitestellen. 125 ml Sonnenblumenöl erhitzen, über den gegarten Reis geben und gut durchmengen. (Achtung, das Öl spritzt!).

Anrichten: Qabili Palau wird traditionell in einer großen Schüssel serviert. Das Fleisch wird dabei unter dem Reis „versteckt".
In Afghanistan wird dazu Naturjoghurt als Dip gereicht.

Tipp: Anstelle des Rindfleischs kann auch Lamm-, Schafs- oder Geflügelfleisch verwendet werden. Es ist nur darauf zu achten, dass das Fleisch mit Knochen gegart wird.

پارس خزر

FAHIMA

60 Jahre

aus Iran

KORMA CHALAU
SAMOSA
MANTU
RADIESCHEN-SALAT

Fahima hatte Glück. Sie musste als einzige ihrer Familie nicht aus Iran fliehen, sondern konnte noch ganz offiziell mit einem Visum reisen. Das war 1981 kurz nach dem Sturz des Schahs. Auf diesen Moment hatte Fahima seit der ersten Begegnung mit ihrem Mann Jalel gewartet. Sie war 16 Jahre alt, als sie ihn auf einer Hochzeit kennenlernte. Kurz darauf verlobten sich die beiden. Aber Jalel hatte große Pläne. Er wollte nach Deutschland, dort studieren und arbeiten. Er ging, sie blieb. In Teheran musste sie zunächst ihr Abitur machen. Eine Ausbildung zur Sozialpädagogin schloss sie an und arbeitete dann als Lehrerin. Es vergingen ein paar Jahre und Fahima und Jalel verloren sich aus den Augen.

Erst mit 25 Jahren reiste Fahima ihrem Mann hinterher. Sie lernte Deutsch, weil sie in ihrem Beruf arbeiten wollte. Aber in Deutschland verlangt dieser Beruf eine akademische Ausbildung, sodass Fahima die Fachhochschule besuchen musste, um das entsprechende Diplom zu bekommen. Schnell kam das erste Kind, dann das zweite, beide Mädchen. Eigentlich wollte Fahima nur zwei Kinder, aber noch dringender wollte sie einen Sohn. Erst mit dem vierten Kind ging dieser Wunsch in Erfüllung. Ein Studium nebenbei erschien ihr damals unmöglich. Sie brach das Studium ab, nahm tagsüber fremde Kinder auf und arbeitete als Tagesmutter. Liebevoll spricht sie von den Tageskindern, die manchmal auch am Wochenende bei ihr waren. Fahima bereue gar nichts, sagt sie. Ja, es sei schade, dass sie hier nicht als Sozialpädagogin arbeiten konnte, aber sie habe vier Kinder großgezogen und jedes hat einen Schulabschluss, dazu eine gute Ausbildung oder ein Studium. Mehr könne man sich nicht wünschen, sagt sie.

Fahimas Vater war seinerzeit im Staatsdienst tätig. Ihr Großvater war Bürgermeister. Aber nach der iranischen Revolution Ende der 70er Jahre seien sie alle nicht mehr sicher gewesen, erzählt Fahima. Einige Familienmitglieder wurden verhaftet, auch ihr Vater und ihr Bruder. Ein Onkel und eine Cousine starben. Eines Tages plünderten bewaffnete Männer Fahimas Elternhaus. Für den Rest der Familie war das der Moment zu fliehen. Über Indien nach Pakistan und weiter in die USA führte der Weg. Aber das hat Fahima nur aus der Ferne miterlebt. Zu diesem Zeitpunkt war sie selbst schon in Deutschland.

Von Fahimas sieben Geschwistern überlebten nur sechs. Sie wohnen und arbeiten heute in Hamburg, nur ihr ältester Bruder ist in Norwegen. Als Tagesmutter ist Fahima heute nicht mehr tätig; jetzt unterstützt sie Familien im Haushalt. Am Wochenende fährt sie oft mit Jalel an die Ostsee, dort hat das Paar einen Campingwagen. Außerdem sei sie jetzt Oma, und einmal in der Woche dürfe sie sich um ihre Enkelin kümmern. Ihre Kinder und Enkelkinder sind für Fahima das größte Geschenk. Nach Iran zöge sie nichts mehr, sagt sie. Das Leben dort passe nicht mehr zu ihr. Und an eine Verschleierung möchte sie sich nach all den Jahren auch nicht mehr gewöhnen.

REZEPT Korma Chalau **Persisches Huhn in Knoblauch**

Zutaten 4 Personen

- 2 Tassen Basmatireis
- 800 g Hähnchenbrust
- 3 rote Zwiebeln
- 3 Knoblauchzehen
- 3 Tomaten
- 2 EL Sonnenblumenöl
- Salz/Pfeffer
- 1 TL Kurkuma
- 1 TL Kreuzkümmel
- 1 TL Lezzet Tuz (eine Art Gewürzsalz)
- 2 EL Rapsöl zum Anbraten

Zubereitung

Den Reis in heißem Wasser mehrmals auswaschen und ihn eine Stunde mit Wasser bedeckt stehen lassen. Den Reis anschließend in Wasser kochen. Hierbei beachten, dass das Wasser nie komplett verdampft, sondern immer ein bisschen am Boden bleibt, bis der Garvorgang abgeschlossen ist. Der Reis ist nach ca. 15 Minuten fertig. Dem Reis kurz vor Ende des Garvorganges 2 EL Sonnenblumenöl, eine Prise Salz und 1 TL Kreuzkümmel hinzugeben, bevor er dann, zusammen mit dem Hähnchen, serviert werden kann.

Parallel die Hähnchenbrust waschen, trockentupfen und in kleine Stücke schneiden. Anschließend die Zwiebeln in Öl anbraten und das klein geschnittene Fleisch hinzugeben. Wenn das Fleisch gut angebraten ist, mit Salz, Pfeffer, Curcuma und Lezzet Tuz würzen. Anschließend den gepressten Knoblauch sowie die gewürfelten Tomaten hinzugeben. 10 Minuten köcheln lassen.

Alles zusammen servieren

Traditionell wird das Hähnchen-Gericht mit Kichererbsen zubereitet.

REZEPT Samosa Gebackene Teigtaschen mit zweierlei Saucen

Zutaten 8 Personen

für den Teig
- 250 g Mehl
- 2 TL Olivenöl
- 2 TL Salz
- etwas Wasser

für die die Füllungen
- 400 g Rinderhack
- 2 rote Zwiebeln
- 1 gelbe Paprika
- 1 Zucchini
- 3 Kartoffeln
- 1 Lauchzwiebel
- Sonnenblumenöl
- Salz und Pfeffer

für den Chutney-Dip
- 1 Bund Koriander
- 1 Bund Minze
- 5 Knoblauchzehen
- 1 TL Olivenöl
- (1 scharfe Peperoni)

für den Gurken-Knoblauch-Dip
- 300 g Joghurt
- ½ Gurke
- 2 Knoblauchzehen
- Salz und Pfeffer

Zubereitung

Alle Zutaten für den Teig miteinander mischen und ordentlich durchkneten. Nur so viel Wasser hinzugeben, dass der Teig nicht klebrig wird. Sobald die Füllung fertig zubereitet ist, den Teig 5 mm dick ausrollen und in 4 X 4 cm große Quadrate schneiden.

Zubereitung Füllung

Die Kartoffeln in einem Topf mit Wasser kochen bis sie gar sind und in kleine Stücke schneiden. Dann mit der klein geschnittenen Zucchini und der klein geschnittenen Lauchzwiebel in etwas Öl anbraten und mit Salz und Pfeffer würzen. Die vegetarische Füllung braten, bis die Zucchini gar ist.

Das Hack mit etwas Öl in einer anderen Pfanne anbraten und die klein geschnittenen Zwiebeln hinzugeben. Anschließend die Paprika in kleine Stücke schneiden und ebenfalls dem Hack beifügen. Das Ganze gut durchgaren und mit etwas Salz und Pfeffer würzen.

Fertigstellung Samosa

Die zuvor entstandenen Teigquadrate mit dem Hack- beziehungsweise dem Kartoffelgemisch füllen. Hierfür etwas Füllung auf ein Quadrat geben und eine Ecke auf die gegenüberliegende Ecke legen. Nun werden die Seiten der Tasche geschlossen, indem der Teig mit einer Gabel zusammengedrückt wird. Die Teigtaschen auf ein Backblech legen und bei 180 °C ca. 15-20 Minuten backen, bis sie goldgelb sind. Wahlweise können die Teigtaschen auch in Öl frittiert werden.

Zubereitung Gurken-Knoblauch-Dip

Den Joghurt in eine Schüssel füllen, die geriebene Gurke sowie den gepressten Knoblauch dazugeben. Mit Salz und Pfeffer abschmecken.

Zubereitung Chutney-Dip

Den Koriander und die Minze zusammen mit dem Knoblauch und dem Olivenöl in einem Mixer pürieren, bis es eine homogene Masse ergibt. Die Masse in eine Schüssel geben. Wer es schärfer mag, fügt noch etwas von der klein geschnittenen Peperonischote hinzu.

REZEPT Mantu **gedämpfte Teigtaschen mit Hack**

Zutaten 6 Personen

für die Füllung

- 400 g Rinderhack
- 2 rote Zwiebeln
- Salz/Pfeffer
- 2 EL Rapsöl zum Anbraten

für den Teig

- 500 g Mehl
- 2 TL Salz
- 2 TL Olivenöl
- Wasser

für die Sauce

- 500 ml passierte Tomaten
- 1 Paprika gelb
- 2 Karotten
- 250 g frische Erbsen
- 1 EL Rapsöl
- Salz/Pfeffer
- 200 g Joghurt
- 200 g Quark
- Salz
- 1 Knoblauchzehe

Zubereitung

Teig

Alle Zutaten für den Teig in eine Schüssel geben und nach und nach kaltes Wasser hinzugeben, bis ein geschmeidiger, aber nicht klebriger Teig entsteht. Den Teig in eine Frischhaltefolie wickeln und im Kühlschrank ca. 30 Minuten ruhen lassen.

Füllung

Das Hackfleisch in einer Pfanne anbraten und klein geschnittene Zwiebeln hinzugeben. Mit Salz und Pfeffer würzen.

Den kühlgestellten Teig 1-2 mm dick ausrollen und in Quadrate schneiden (4x4 cm Seitenlänge). Auf jedes Quadrat etwas von der Füllung geben und alle vier Seiten des Teiglings nach oben in die Mitte ziehen und miteinander so verkleben, dass beim Garen nichts von der Füllung herausfallen kann. Hände und Arbeitsplatte sollten bei der Verarbeitung des Teiges trocken sein.
Nun die gefüllten Teigtaschen in einem Topf mit Wasser und einem entsprechenden Dampfeinsatz bei geschlossenem Deckel garen. Die Teigtaschen sind nicht in direktem Kontakt mit dem Wasser, sondern werden einzig durch den Wasserdampf gegart. Nach 20 Minuten sind die Teigtaschen fertig. Während des Garvorganges können die Saucen zubereitet werden.

Saucen

Die Paprika und die Karotten in erbsengroße Stücke schneiden und alles gemeinsam mit den Erbsen, den passierten Tomaten und dem Öl in einen Topf geben und zum Kochen bringen. Die Herdplatte auf die mittlere Stufe stellen und das Ganze köcheln, bis das Gemüse gar ist. Sollte die Sauce beim Kochen zu stark reduzieren, etwas Gemüsebrühe hinzugeben, damit nichts anbrennt.
Währenddessen die Joghurtsauce vorbereiten: Den Joghurt und den Quark in einer Schüssel miteinander verrühren und mit einer Prise Salz würzen. Anschließend den Knoblauch hineinpressen und alles nochmals miteinander vermengen.

Zum Anrichten kann eine Auflaufform genommen werden, in die alle Teigtaschen hineinpassen. Den Boden der Form mit dem vorbereiteten Joghurt-Quarkgemisch bedecken und die gedämpften Teiglinge daraufsetzen. Nun die passierten Tomaten mit dem Gemüse auf die Teigtaschen gießen und servieren.

Mantu ist eine typische afghanische Spezialität, die sich auch weit über die Grenzen Afghanistans verbreitet hat. Die leckeren gedämpften Teigtaschen werden mit Rinderhackfleisch und Zwiebeln gefüllt, und mit einem Zusammenspiel aus einer Joghurt-Knoblauchsauce und einer Tomatensauce als Vorspeise serviert.

REZEPT Radieschen-Salat

Zutaten 4-6 Personen

- ½ Gurke
- 2 Tomaten
- 1 Bund Radieschen
- 4 Stängel Koriander
- 4 Zweige Minze
- Saft einer halben Zitrone
- 1 Prise Salz

Zubereitung

Gurke, Tomaten und Radieschen in kleine Stücke schneiden und alles in eine Schüssel geben. Die Minze und den Koriander fein schneiden und zu dem Gemüse geben. Zitronensaft und Salz untermengen und servieren

Tipp: Der frische Radieschen-Salat eignet sich wunderbar als Beilagensalat zu einer Hauptspeise!

HISHAM 27 Jahre
SAMER 30 Jahre
aus Syrien

HALAWET EL JIBN

Samers Frau war geschockt, als sie von seiner Unterkunft erfuhr. Samers Eltern auch. Samer lebt mit einer alleinstehenden deutschen Frau und einem deutschen jungen Mann in einer Wohngemeinschaft in Hamburg Billstedt. Der junge Syrer schmunzelt. Solche „Zustände" gebe es in Syrien nicht. Wohngemeinschaften seien in seiner Heimat zwar üblich, aber immer nach Geschlecht getrennt. Natürlich müsse sich seine Wohnsituation ändern, wenn seine Frau mit den beiden Kindern nach Deutschland kommt, aber vorerst sei er froh darüber, dass er über seine Mitbewohner mit der deutschen Sprache und Kultur in Kontakt komme.

Samer und Hisham sind seit etwa einem Jahr in Deutschland. Sie haben sich gleich in der ersten Unterkunft in Harburg kennengelernt, sind dann gemeinsam in die Folgeunterkunft umgezogen, in der Hisham immer noch lebt. Eine eigene Wohnung wäre schon toll, sagt Hisham, aber zunächst verfolge er wichtigere Ziele. In Syrien habe er seinen Bachelor in Betriebswirtschaftslehre erlangt und drei Jahre als Buchhalter gearbeitet. Hier in Hamburg würde er gern den Master in BWL nachholen. Aber dafür braucht er das C1-Zertifikat, das ihm sehr gute Deutschkenntnisse bezeugen würde. Darauf konzentriert er sich als erstes.

Er erinnert sich an die Angst, die er zu Beginn vor der Schule hier in Deutschland hatte. Die sei aber verflogen. Er mag die Schule. Und er mag Deutschland. Zwar sei in den syrischen Medien ein positives Bild von Deutschland vermittelt worden, aber es gab auch kritische Stimmen. Er habe auch gehört, dass Flüchtlinge in Deutschland nicht willkommen seien. Umso mehr habe es ihn erfreut, dass seine persönlichen Erfahrungen in Deutschland ganz andere sind. Die Menschen seien alle sehr hilfsbereit und freundlich. Außerdem fände er die Natur hier wunderschön – so viele Bäume. Und Hamburg habe ein so schönes Stadtbild. Das gefalle ihm. Er sei sich nicht sicher, ob er je wieder zurück in seine Heimat möchte.

Hishams Fleiß, Verbindlichkeit und Freundlichkeit haben sich herumgesprochen. Er habe schon mehrere Angebote für Praktika bekommen, sagt er, eine begehrte Möglichkeit für einen Einstieg ins Berufsleben. Beim Kochen heute Abend hilft er fleißig, aber von Beginn an ist klar: Samer ist der „Koch" von beiden. Er ist es, der anleitet, der die meisten Handgriffe zeigt oder selbst übernimmt. Während des Ramadan sei Hisham oft nach Sonnenuntergang zum Essen zu ihm gekommen, erzählt nun Samer. Bei der Sprache ist es jedoch entgegengesetzt – Deutsch zu lernen fiele ihm viel schwerer als seinem Freund Hisham. Samer besucht erst seit zwei Monaten den Unterricht. In Syrien habe er neun Jahre für Volvo im Bereich Logistik und Mechanik gearbeitet, sagt er. Über Arbeitszeugnisse verfüge er zwar, aber erst, wenn er richtig Deutsch sprechen kann, gäbe es für ihn Chancen auf eine Anstellung. Die Arbeit fehlt beiden Männern in ihrem Alltag. Sie gehen zur Schule, sie treiben Sport, aber das sei natürlich nicht zu vergleichen.

Hisham und Samer kamen mit dem Schlauchboot über das Mittelmeer. Ja, sagt Hisham, Angst hatte er, große. Als sie ablegten war es bereits dunkel, sie flohen bei Nacht. Wenigstens hätten sie eine Schwimmweste bekommen. Von Griechenland seien sie die meiste Zeit zu Fuß gegangen, ihre Smartphones mit entsprechender Karten-App halfen bei der Orientierung. Hisham sagt, dass man nicht viel Geld auf die Flucht mitnehmen kann, nur umgerechnet etwa 1000 bis 2000 Euro. Würde man mehr Geld abheben, oder sogar den Haushalt auflösen, könnte zu schnell Verdacht geschöpft werden. Und ein weiteres Risiko eingehen wollte er nicht.

Halawet el Jibn Süße Teigspeise mit Crèmefüllung

Zutaten 4 Personen

für den Zuckersirup (Läuterzucker)

- 2 Gläser Zucker
- 1 Glas Wasser
- 1 Spritzer Zitronensaft
- 1 EL Rosenwasser oder Orangenblütenwasser

für die Füllung

- 2 Dosen Ashta (z. B. Gazi-Ashta Crème)

für den Teig

- 4 Mozzarella Kugeln
- 1 Glas Weichweizengrieß
- 1 Glas Zucker
- 2 Gläser Wasser

Zubereitung

Zuckersirup

Für den Zuckersirup Zucker, Wasser, Zitronensaft und Rosenwasser in einen Topf geben und zum Kochen bringen. Der Zucker muss komplett gelöst sein.

Teig

Für den Teig Wasser und Zucker zum Kochen bringen. Grieß einrieseln lassen und nochmals aufkochen. Den Mozzarella in sehr kleine Würfel schneiden, in den nicht mehr kochenden Teig geben und bei geringer Hitze rühren, bis der Mozzarella komplett geschmolzen ist.

Eine Klarsichtfolie auf einem Tisch ausbreiten und mit dem abgekühlten Läuterzucker leicht einreiben. Den Teig auf die eingeriebene Folie geben und erneut mit Folie abdecken. Mit einem Nudelholz ausrollen. Anschließend die obere Folie wieder entfernen.

Fertigstellung

Einen Teil der Ashta-Crème der Länge nach in einem 2 cm breiten Streifen auf den ausgerollten Teig geben (ca. 1 cm entfernt vom unteren Rand). Von unten nach oben umklappen, sodass die Crème vom Teig ummantelt ist. Den „umgeklappten" Teil mit einem Messer abschneiden (inkl. Folie), erneut einen Crème-Streifen auf dem Teig verteilen, umklappen, abschneiden usw. Das Ganze wiederholen, bis Masse und/oder Teig aufgebraucht sind. Die Rollen in den Kühlschrank geben und mind. 30 Minuten auskühlen lassen.

Nach dem Auskühlen die Folie abziehen und in Stücke beliebiger Größe schneiden.

Mit gehackten Pistazien und weiterem Läuterzucker und/oder Blütenwasser beträufeln.

Variation: Die Ashta-Crème kann zusätzlich mit zerdrücktem Mozzarella, Rosenwasser und Orangenblütenwasser angereichert werden. In diesem Fall muss die Füllung aber eine Nacht im Kühlschrank ruhen, bevor sie verwendet werden kann.

PROJECT
94
DENIM

FATHYA
YAMAMA
aus Syrien

YAPRAK
COUSCOUS
AUBERGINENCRÈME
JOHGHURT-MINZ-SAUCE

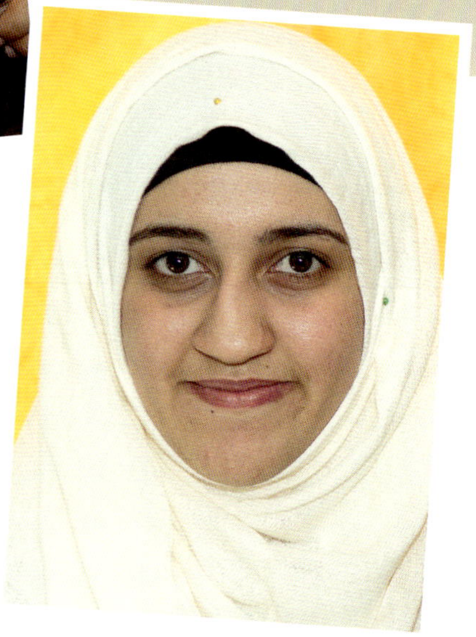

Fathya kommt mit einem großen Topf in die Küche. Begleitet wird sie von Yamama, ihrer 15-jährigen Tochter, die die Mutter um einen halben Kopf überragt.

In dem Topf befinden sich ordentlich gestapelte Röllchen Yaprak – so viele, dass mit Sicherheit heute jeder satt wird. Fathya hat die Weinblätterrollen in zweistündiger Arbeit in ihrer Unterkunft vorbereitet. Jetzt packt sie erst einmal die mitgebrachten Tüten aus. Damit auch wir lernen und nachvollziehen können, wie man Yaprak kocht, hat sie ein paar der Zutaten übrig behalten. Jetzt zeigt sie uns geduldig, wie die Weinblätter gerollt, gefüllt und gefaltet werden.

Den Topf mit den fertigen Yaprak stellt sie auf den Herd, damit die Röllchen garen können. Fathya hat die Weinblätter-Päckchen mit

einer mit Wasser gefüllten Schale beschwert, die über den Topfrand hinausragt. Das Gewicht presst jedes einzelne Röllchen zusammen, sodass sie sich nicht wieder aufwickeln. Um trotzdem ausreichend Hitze und Dampf im Topfinneren zu halten, stülpt die Köchin kurzerhand eine Plastiktüte über das Ganze. In Syrien sei das eine gebräuchliche Dampfgartechnik, erzählt sie.

Während Yamama den Kräuterjoghurt anrührt, erklärt Fathya, wie sie das Gericht weiter zubereiten will. Mit einer Mischung aus Deutsch und Englisch klappt die Verständigung ganz gut. In Aleppo sei sie Englischlehrerin gewesen, sagt Fathya, aber seit die Kinder auf der Welt sind, sei sie Hausfrau. Als ihr Mann vor einem Jahr starb, habe sie sich entschlossen, die Heimat zu verlassen und sich auf den langen Weg nach Deutschland zu begeben. Immer wieder betont sie, wie schwer und anstrengend diese Wochen der Flucht für sie gewesen seien. Das Geld war knapp. Und das Essen auch. Oft hätten sie Hunger gehabt und die Kinder seien regelrecht abgemagert.

Neben Yamama hat Fathya noch zwei Kinder, ihre Söhne Omran und Salam. Omran ist in der Grundschule, Salam ist 18 Jahre alt und absolviert ein berufsvorbereitendes Jahr an einer Berufsschule. Ihn kennen wir schon. Er hat seinem Freund Omar geholfen, für uns Tabouleh und Maklobeh zuzubereiten. Seit dem Tod des Vaters hat Salam als ältester Sohn die Verantwortung für seine Familie übernommen. Er möchte eine Ausbildung zum Mechatroniker machen und ist jetzt auf der Suche nach einem Praktikumsplatz in einer großen Kfz-Werkstatt.

REZEPT Yaprak **Weinblätter mit Lamm- oder Hähnchenkeule**

Zutaten 4 Personen

- 1 Tüte Weinblätter = 100 g
- 250 g Hähnchenfleisch (fein gehackt) und 2 Hähnchenkeulen
  oder
- 250 g Lammfleisch (fein gehackt) und 400 g Lammfleisch
- 300 g Reis
- 7 Knoblauchzehen
- 3 EL Butter
- Zitronensaft
- Minze (getrocknet)
- Pfeffer/Salz

Zubereitung

Den Reis 5 Minuten kochen und dann abgießen.
Die Weinblätter ebenfalls 5 Minuten in ausreichend Wasser kochen.
Das gehackte rohe Fleisch (Lamm oder Hähnchen) mit dem vorgekochten Reis, 1 EL Salz, ½ TL getrockneter Minze und 3 EL Butter vermischen.
Die Mischung in die Weinblätter wickeln.

Anleitung zum Wickeln der Weinblätter
Die Weinblätter mit dem Stiel nach unten hinlegen. Ca. 1 cm vor dem Stielende 1 TL (je nach Größe des Weinblattes) der Hackfleisch-Reis-Füllung in einer dünnen Linie auf dem Weinblatt verteilen. Die Seiten des Weinblattes einschlagen. Dann von unten einschlagen und stramm aufwickeln. Damit die Weinblätter sich nicht wieder aufwickeln, anschließend jeweils auf die Naht legen.
Die Hähnchenkeule oder das Lammfleisch in einen großen Topf legen und darauf die gefüllten Weinblätter eng stapeln. Mit Wasser bedecken und einen Teller, der etwas kleiner ist als der Topf, mit der Oberseite nach unten auf die Weinblätter legen. Falls nötig noch etwas Wasser dazugeben, sodass der Teller etwa 5 cm mit Wasser bedeckt ist. Auf den Teller eine hitzefeste Schüssel oder einen Topf stellen und mit Wasser füllen, um den Teller auf die Weinblätter zu drücken.
Die Knoblauchzehen schälen und mit ½ EL getrockneter Minze und einem 1 EL Salz zu den Weinblättern in den Topf geben.
Bei geschlossenem Deckel ca. 1 ½ bis 2 Stunden kochen.
Nach ca. 1 Stunde 5 EL Zitronensaft sowie ½ EL Salz hinzufügen und weiter kochen lassen.
Abschließend die entstandene Brühe mit Pfeffer und Salz abschmecken, abgießen und in eine Schale füllen.
Die gefüllten Weinblätter auf einer Platte anrichten, das mitgekochte Fleisch darauf legen und mit der Sauce servieren.

REZEPT Couscous mit Paprika

Zutaten 4-6 Personen

- 500 g Couscous
- 2 Paprika
- 1 kleine Zwiebel
- 1 L Gemüsebrühe
- Salz
- 5 EL Olivenöl

Zubereitung

Die Paprika und die geschälte Zwiebel sehr fein schneiden.
Den Couscous gemäß Packungsangabe in der Gemüsebrühe garen und abkühlen lassen.
Anschließend Couscous, Paprika, Zwiebeln sowie Salz und Olivenöl mit den Händen vermengen.
Falls der Couscous noch zu trocken ist, noch etwas Wasser und eventuell auch etwas Olivenöl dazu geben.
Mit Salz abschmecken. Wer es gerne scharf mag, kann noch einen Esslöffel scharfes Paprikapulver oder Chilis dazugeben.

REZEPT Joghurt-Minz-Sauce

Zutaten

- 400 g Vollmilchjoghurt
- 1 Knoblauchzehe
- 1 ½ EL getrocknete und gemahlene Minze (alternativ Blätter von 4 frischen Stangeln Minze)
- Salz

Zubereitung

Den Knoblauch fein schneiden und mit dem Joghurt, der Minze sowie dem Salz verrühren.

REZEPT Auberginencrème

Zutaten

- 1-2 Auberginen (je nach Größe)
- 1 Knoblauchzehe
- 2-3 EL Tahini (Sesampaste)
- Salz

Zubereitung

Die Auberginen auf einer Herdplatte so lange bräunen, bis die Haut schwarz und verbrannt ist. Dies kann ebenso gut im heißen Backofen mit Grillfunktion oder starker Oberhitze gemacht werden. Dabei müssen die Auberginen regelmäßig gewendet werden. Die verbrannte Haut von den Auberginen abziehen und das Fruchtfleisch abkühlen lassen.

Die kalten Auberginen fein pürieren und in eine Schüssel geben. Den Knoblauch fein hacken und mit Tahini und etwas Salz in das Auberginenpüree rühren.
In kleineren Schalen anrichten und mit etwas Olivenöl beträufeln.

OMAR
27 Jahre
aus Irak

GEFÜLLTE KARTOFFELTASCHE

Mit schnellem Schritt betritt Omar die Küche. Er beginnt sofort, die Zutaten ordentlich auf der Arbeitsfläche aufzureihen und dann die Schränke zu öffnen, um nach geeigneten Töpfen und Pfannen zu suchen. Er möchte für uns eines seiner Lieblingsgerichte kochen, das allerdings nicht aus seiner Heimat, dem Irak, stammt. Einen Namen habe es nicht, sagt er. Es sei eine eigene Kreation. Er kocht gern, schaut sich Filme über das Kochen auf YouTube an und probiert viel aus. So habe er sich auch das Kochen beigebracht. Fotografiert werden möchte Omar nicht. Da ist der freundliche junge Mann sehr bestimmt, sagt aber nicht warum.

Die Unterhaltung mit Omar fällt leicht, er spricht sehr gut Deutsch und fließend Englisch. Vor einem Jahr kam er nach Hamburg und wohnte zunächst in einem Schwesternwohnheim bei einer Klinik. Dort konnte er für Ärzte und Patienten ins Arabische oder Englische übersetzen. Außerdem ist Omar ein Mann vom Fach. Er ist selbst Arzt und hat in Bagdad in einem großen Krankenhaus gearbeitet. Nach seinem hervorragenden Abschluss des Medizinstudiums habe er ein Stipendium in den USA oder in Australien erhalten, erzählt er uns. Keines davon habe er antreten können. „Wegen des Unfalls", sagt er. Schnell beschäftigt er sich wieder mit der Pfanne, die nicht seinen Vorstellungen entspricht. Er ärgert sich. Das Anbraten der Putenbrust läuft nicht wie geplant – sie klebt am Pfannenboden und wird zu dunkel.

Omar ist allein gekommen, seine Familie ist noch in Bagdad. Er hat hier aber sehr schnell Kontakte aufgebaut. Er engagiert sich für soziale Minderheiten und hilft mit Übersetzungen, wo er nur kann. Sein Ziel ist es, wieder als Arzt zu praktizieren. Die notwendigen Zeugnisse und Beglaubigungen habe er dabei, sodass seiner Approbation nichts im Wege stünde. Warum er aus Bagdad geflohen ist? „Wegen des Unfalls". Nach einigem Zögern erzählt Omar nun die ganze Geschichte. Er ist aufgeregt, spricht immer schneller.

Vor eineinhalb Jahren habe es einen Notfall in dem Krankenhaus gegeben, in dem Omar arbeitete. Er hatte Spätdienst. Ein Mann sei in die Klinik eingeliefert worden – mit Splittereinschüssen im Schädel. Eine Gruppe von Männern hatte den Verletzten gebracht. Omar habe getan, was er konnte. Aber der Patient sei bereits Hirntot gewesen, berichtet Omar weiter. Die Männer setzten ihn daraufhin unter Druck – er solle sofort operieren, er sei jetzt für das Leben des Patienten verantwortlich.

Der Patient habe zur Miliz gehört und einen hohen Rang bekleidet, sagt Omar. Seit jener Nacht ist Omar auf der Flucht. Man habe ihn persönlich für den Tod des Mannes verantwortlich gemacht und deshalb verfolgt. Zunächst versteckte sich Omar über mehrere Wochen in Bagdad, schaffte es dann aber über die Landesgrenze ins Ausland. Die Angst habe er dort gelassen, sagt er und konzentriert sich nun wieder auf seine Teigtasche und die Käsefüllung. Er ist in Eile, denn schon in einer Stunde hat er den nächsten Termin. Er hat versprochen, bei einem Workshop mit Geflüchteten zu übersetzen.

REZEPT gefüllte Kartoffeltasche von Omar

Zutaten 2-3 Personen

für den Teig
- 300 g Pellkartoffeln (mehlig kochend)
- 1 Ei
- ca. 100 g Mehl
- 1 TL Salz
- 1 TL Rapsöl

für die Füllungen
- 150 g Putenschnitzel
- ½ TL Hühnerbouillon (Pulver)
- 150 g Kräuterschmelzkäse
- 80 g Geflügelkrakauer-Aufschnitt (oder alternativ Kochschinken)
- 4 Schmelzkäsescheiben (z. B. Scheiblettenkäse)

Zubereitung

Die Kartoffeln mit Schale kochen und abkühlen lassen.

In der Zwischenzeit das Putenfleisch in feine Streifen schneiden und mit etwas Öl in einer Pfanne anbraten. ½ TL Hühnerbouillon hinzugeben und kurz mit anbraten.

Nachdem die Pellkartoffeln abgekühlt sind, die Schale abziehen und die Kartoffeln in einer Schüssel mit einer Gabel zerdrücken. 1 Ei und ½ TL Salz hinzugeben und alles gut miteinander vermengen.

Nach und nach so viel Mehl hinzugeben, dass die Feuchtigkeit der Kartoffelmasse aufgenommen wird.

Die Hälfte der Masse anschließend in eine leicht geölte und beschichtete Pfanne geben.

Die angebratenen Putenstreifen darauf verteilen und den Kräuterschmelzkäse löffelweise hinzufügen.

Die Scheiben des Geflügelkrakauer-Aufschnitts und die Schmelzkäsescheiben darüber verteilen und mit der restlichen Kartoffelmasse so abdecken, dass kein Käse herauslaufen kann.

Bei mittlerer Hitze ca. 15-20 Minuten in der Pfanne braten. Dabei einmal mithilfe eines Deckels oder Tellers wenden.

Hierzu serviert Omar einen Salat mit Tomaten, Rucola und Mozzarella, den er mit etwas Zitronensaft, Öl, Salz und Pfeffer abschmeckt.

Dieses Gericht zählt zu Omars Lieblingsgerichten. Er hat es selbst entwickelt und bisher noch keinen Namen dafür gefunden. Daher haben wir es kurzerhand einfach nach ihm benannt: „Omars gefüllte Kartoffeltasche"

AMER

25 Jahre

aus Irak

MUHANAD

42 Jahre

aus Syrien

KEBAB-PLATTE FATTOUCH

Wer wie wir bei dem Wort Kebab (oder auch Kabab und Kebap) gleich an fettiges, triefendes und überwürztes Fleisch in Brot denkt, läuft in die Irre. Im Persischen wie im Arabischen findet sich diese Sammelbezeichnung, die sich auf viele unterschiedliche Gerichte mit verschiedenen Fleischsorten und vielseitigen Zubereitungsarten bezieht. Den Kombinationen und dazugehörigen Beilagen sind da fast keine Grenzen gesetzt. Tschelo Kabab zum Beispiel kommt aus Iran und meint gegrilltes Lammfleisch am Spieß, Dschudsche Kabab hingegen ist ein persischer Hühnchenspieß. Die Kebab Platte von Amer und Muhanad wiederum soll als gehackte, vermengte Masse im Backofen knusprig gebacken werden. „Alle Kebab-Variationen schmecken gut", schwärmen die Freunde und fangen gleich an, ihre Lieblingsvariationen aufzuzählen.

Amer und Muhanad haben sich in einer Zentralen Erstaufnahmeeinrichtung in Hamburg kennengelernt – in einem Zeltlager, in dem sie sechs Monate lebten. „Das war so kalt und feucht", sagen die Männer, die auch im Winter dort hausen mussten. Alle Bewohner seien ständig krank gewesen. Jetzt teilen sie sich ein Zimmer in einer Folgeunterkunft in Bergstedt und fühlen sich wohl. Amer ist Muslim, Muhanad ist Christ. Ob es deshalb manchmal Unstimmigkeiten gebe? Nein, sagt Amer, das spiele nur in einigen Gebieten Iraks eine Rolle. Ihm sei es nicht wichtig, welcher Religion jemand angehöre. Er selbst hielte sich auch nur an solche religiöse Regeln, die ihn im Alltag nicht störten. Sonst könne er ja auch kein Bier trinken und das schmecke ihm ausgezeichnet, sagt er lachend. Deutsches Bier mögen beide, besonders als Getränk zum Grillen.

Ansonsten könne er der deutschen Küche nicht so viel abgewinnen, sagt Muhanad. Mit einer Ausnahme: Brathähnchen und Pommes Frites. Das habe er bei einem Freund gegessen und fand es „super". Und was gibt es in der Heimat normalerweise zu trinken? Cola und Apfel- oder Orangensaft, manchmal Joghurtgetränke – wahlweise mit Joghurt, Wasser, Salz und Zitrone oder als Joghurt-Wasser-Gurken-Mix mit Minze, Knoblauch und Salz.
Muhanad kam vor zehn Monaten allein nach Deutschland. In Syrien war er Elektriker, hier besucht er – im Alter von 42 Jahren – wieder die Schule. Das störe ihn nicht, Deutsch zu lernen mache ihm sogar Spaß.

Amers Asylantrag ist noch nicht entschieden. Er bangt, dass er wieder zurück muss. Seine Eltern und seine beiden Schwestern sind noch in der Heimat. Seine zwei Brüder flohen nach Finnland und in die Türkei. Die ersten Wochen in Deutschland waren bewegt für Amer. Er wurde immer wieder in eine andere Unterkunft verlegt. Und so habe er auch in Städten wie München, Köln, Dortmund, Münster und Bielefeld gelebt – manchmal nur für einige Tage. Der Kölner Dom habe ihn sehr beeindruckt.

Amer war in Bagdad KFZ-Mechaniker, besitzt aber keine Papiere. Das sei anders in seiner Heimat, sagt er. Da brauche man keine Zeugnisse. Hier in Deutschland gebe es für alles ein Papier und man benötige für alles ein Dokument. „Aber dafür gibt es hier auch keine Bomben, keine Erpressung und keine Entführungen", sagt Amer.

REZEPT Kebab-Platte Hack-Tomaten-Auflauf

Zutaten 3-4 Personen

- ½ Bund Petersilie
- 1 ½ Gemüsezwiebeln
- 800 g gemischtes Hackfleisch
- 4 große Tomaten
- 100 g Butter
- Salz/Pfeffer
- Grillgewürz

Zubereitung

Die Petersilie mit viel Wasser und einer Prise Salz waschen, trockentupfen und schneiden. Zwiebeln schälen und fein reiben.
Das Hackfleisch mit der Petersilie und den geriebenen Zwiebeln vermengen und mit Salz, Pfeffer und etwas Grillgewürz gut würzen.
Die Masse ca. 4 cm hoch auf einem Blech oder in einer Auflaufform gleichmäßig verteilen und mit den gewaschenen und in Scheiben geschnittenen Tomaten belegen. Die Butter in kleine Stücke schneiden und auf das Hack legen.
Den Kebab im vorgeheizten Backofen bei 200 °C bei Ober- und Unterhitze ca. 45-60 Minuten backen.

REZEPT Fattoush **Arabischer Salat mit Brotchips**

Zutaten 3-4 Personen

- 10 Tomaten
- 4 kleine Salatgurken
- 1,5 Paprika, halbiert
- ½ Packung Feldsalat
- 2 Zwiebeln
- ½ Bund Minze
- ¼ Bund Petersilie
- Olivenöl
- Saft von 3 Limetten
- frittiertes arabisches Fladenbrot
- Salz

Zubereitung

Die Tomaten, die Paprikahälften und die Gurken waschen, in Würfel schneiden und in eine große Schüssel geben.

Den Feldsalat waschen und verlesen. Die Petersilie waschen und fein schneiden. Die Minze waschen, die Blätter abzupfen und grob schneiden. Minze, Petersilie und Feldsalat ebenfalls in die Schüssel geben und salzen.

Saft von 2 Limetten mit 5 EL Öl über den Salat geben und alles gut vermengen. Ggf. nochmals mit Salz und Limettensaft abschmecken.

Den Salat mit frittiertem arabischen Fladenbrot garnieren.

Tipp: Das frittierte Fladenbrot kann ganz einfach selbst zubereitet werden. Hierfür ein arabisches Fladenbrot in ca. 1x2 cm große Stücke schneiden, mit viel Öl in einer Pfanne braun frittieren und etwas auskühlen lassen.

BASSAM

42 Jahre

aus Syrien

MANDI
SALAT
DIP

Für Bassam ist es wichtig, uns ein aufwändiges Essen zu kochen, das allen schmeckt. Im Verlauf des Abends erkennen wir auch den Grund dafür. Bassam möchte etwas zurückgeben. Es ist seine Art „Danke" zu sagen für die Gastfreundschaft, die ihm hier in Hamburg widerfahren ist. Seit seiner Kindheit trägt er den Wunsch in sich, eines Tages nach Deutschland zu emigrieren. Letztlich hat ihn das Schicksal über Umwege tatsächlich hierhergeführt. Hält denn die Wirklichkeit von heute seinen Träumen von damals stand? Bassam bekräftigt das. „Ja", sagt er. Deutschland sei ein tolles Land, besonders das Sozialsystem verdiene Anerkennung. Aber auch der öffentliche Personennahverkehr sowie die Verlässlichkeit, die Ordentlichkeit und die Pünktlichkeit der Deutschen machten das Leben hier angenehm. So etwas würde er sich auch für seine Heimat wünschen. Aber Bassam weiß auch, dass sein Wunsch vorerst Utopie bleibt.

Der zurückhaltende, freundliche und auffallend höfliche Syrer ist seit knapp einem Jahr in Deutschland. Er ist seinem Cousin, Omar, gefolgt. Mit dem Koch Omar Falah haben wir an einem anderen Abend Makloubeh gekocht. Auch heute ist Omar wieder dabei – aber nur zur Unterstützung, denn Bassam ist selbst ein guter Koch. Zwar habe er in Damaskus nach der Schule zunächst für zehn Jahre als Friseur gearbeitet, dann aber eine lange Zeit als Koch. Er war auch eine Weile in Dubai. Dort habe er als Chauffeur sein Geld verdient. All das hat sich vor dem Bürgerkrieg zugetragen, der bis heute mindestens 470 000 Menschen das Leben gekostet hat.

Bassam erhielt gleich zu Beginn des Krieges den Einberufungsbescheid und bemühte sich sofort um ein Visum, um mit seiner Familie nach Dubai auswandern zu können. Vergeblich. So floh er mit Frau und zwei Kindern über Ägypten in die Türkei. Doch die gefährliche Überquerung des Mittelmeeres unternahmen nur er und sein 18-jähriger Sohn. Frau und Tochter kehrten zurück nach Syrien – zu groß war die Angst der Nichtschwimmerinnen vor der Fahrt über das dunkle Meer.

Bassam kocht für uns Mandi - eine syrische Spezialität, die wir schon am ersten Kochabend mit Mohammad kennengelernt haben. Es ist ein aufwändiges Rezept mit einer besonderen Rauchnote, die sich fein und harmonisch mit den anderen Gewürzen verbindet. Wir sind überrascht davon, wie unterschiedlich die beiden „Mandis" schmecken.

Bassam arbeitet so emsig und konzentriert, dass wir unsere Fragen zurückhalten. Erst nach dem Essen, als wir alle gemütlich zusammensitzen, erzählt Bassam ausführlich. Bisher konnte er in Hamburg noch keinen Unterricht besuchen. Erst kürzlich habe er seine Aufenthaltsgenehmigung erhalten, die das ermöglicht. Sein Deutsch sei also noch nicht gut, entschuldigt er sich auf Syrisch und nimmt dankbar Omars Angebot an, für uns zu übersetzen. Jetzt Deutsch lernen, dann arbeiten und viele Kontakte zu Deutschen aufbauen, das sei sein Wunsch und sein Plan. Er könne sich auch vorstellen, noch einmal zu studieren. Aber die Zeit ließe sich nicht zurückdrehen - vielleicht sei er dazu auch einfach schon zu alt.

REZEPT *Mandi* à la Bassam mit Salat und Dip

Zutaten 8-12 Personen

für Mandi
- 2 kg Reis
- 2 kg Lamm (Hals ca. 5x5 cm Stücke oder andere Teilstücke vom Lamm)
- 4 Zimtstangen
- 1 große Zwiebel
- 1 Knolle Knoblauch
- Mandi-Gewürzmischung
- Kabsi-Gewürzmischung
- Knoblauchpulver (Granulat)
- getrocknete Zwiebeln
- Salz
- 200 ml Rapsöl
- Shisha Kohle

für die Garnitur
- 100 g Mandeln
- 5 große Auberginen
- 2 große Knollen Knoblauch
- 200-250 g Joghurt
- 200 g Tahini
- Zitronensaft
- Salz
- Pul Biber (Paprika scharf)

für den Dip/Mus
- 2 grüne Paprika
- 5 große Tomaten
- Salz
- Pul Biber (Paprika scharf)
- 1 Bund Petersilie

für den Salat
- 100 g Feldsalat
- 4 große Tomaten
- 1-2 Knoblauchzehen
- 1 Gurke
- 1 Bund Lauchzwiebeln
- Zitronensaft
- süßer Granatapfelsirup
- Apfelessig
- Olivenöl
- Salz
- 700–800 ml Rapsöl
- 4-5 dünne arabische Fladenbrote

Zubereitung

Garnitur

Die Mandeln 30 Minuten in kochendheißem Wasser einweichen. Danach mit den Fingern häuten. (Falls sich die Haut schwer löst, noch einmal mit kochendem Wasser übergießen.)
Der Länge nach halbieren und in ein wenig Fett in einer Pfanne anrösten
Den Ofen auf 250 °C vorheizen.
Die Auberginen mehrfach mit der Messerspitze einstechen, auf ein Blech geben und im Ofen braun werden lassen (20-30 Minuten), dabei gelegentlich wenden. Anschließend die Auberginen der Länge nach aufschneiden und auskühlen lassen. Das Innere mit einem Messer auskratzen und in eine Schüssel geben. 3 Knoblauchzehen schälen, fein schneiden, dazugeben und alles stampfen, außerdem 200 g Joghurt, 200 g Tahini, 1 EL Zitronensaft, 2 TL Salz, 1 EL Pul Biber unterrühren. Alternativ eine Hälfte der Masse mit Granatapfelsirup süßen, die andere mit Pul Biber schärfer würzen.

Hauptgericht

Den Reis zwei- bis dreimal kalt waschen und anschließend 30 Minuten einweichen lassen.
Das Lammfleisch waschen, in einen Topf geben und mit Wasser bedecken. 2 Zimtstangen und 1 grob geschnittene Zwiebel hinzufügen und ca. 20-30 Minuten kochen. Die Flüssigkeit abgießen, neu auffüllen und erneut zum Kochen bringen. Nach 20 Minuten prüfen, ob das Fleisch gar ist. Je nach Lammteilstück ist die Garzeit ein wenig unterschiedlich, daher das Fleisch regelmäßig auf den Garpunkt hin prüfen. Sobald es gar ist, warmstellen oder, falls der Reis bereits fertig ist, direkt dazugeben.
Eine Knolle Knoblauch schälen und klein hacken, 2,5 l vom

Fleischsud aufheben und in einem neuen Topf zusammen mit dem Reis geben. Je 2 gut gehäufte EL Kabsi- und Mandi-Gewürz, 2 EL Knoblauchgranulat, 3 gehäufte EL getrocknete Zwiebeln, 2 Zimtstangen, 4 EL Salz, die restlichen 200 ml Rapsöl und Knoblauch hinzugeben. Mit einer Folie oder einem Geschirrtuch sowie dem Deckel abdecken.

Nach ca. 10 Minuten Kochzeit das Raucharoma hinzufügen. Hierfür eine glühende Kohle auf ein Stück Alufolie setzen und einen Tropfen Öl darauf geben. Das Kohlepäckchen dann in den Topf geben und für 5 Minuten bei geschlossenem Deckel das Essen räuchern. (Je nach Dauer der „Räucherzeit" kann das Aroma intensiviert werden.) Anschließend entfernen und erneut umrühren. Auf kleiner Hitze noch ein wenig ziehen lassen.

Salat

Den Feldsalat waschen, Tomaten würfeln, 1-2 Knoblauchzehen schälen und in dünne Scheiben schneiden, Gurke schälen, der Länge nach vierteln und ebenfalls in Würfel schneiden. Alles auf einem Blech verteilen.

1 Bund Lauchzwiebeln waschen, in dünne Ringe schneiden und mit 2 EL Zitronensaft, 2 EL Granatapfelsirup, 2-3 EL Apfelessig, 3 EL Olivenöl und 1½ EL Salz vermengen und auf dem Blech verteilen. 700–800 ml Rapsöl in einer Pfanne erhitzen.

4-5 arabische Brote in fingerdicke Streifen schneiden, in heißes Fett geben und frittieren, auf Küchenpapier abtropfen lassen und auf dem Salatblech verteilen.

Dip/Mus

Die Paprika waschen, entkernen und auf der feinsten Seite eine Vierkantreibe zerreiben, sodass ein Brei entsteht. Mit den Tomaten ebenso verfahren, die Haut bleibt dabei übrig. 1 gehäufter TL Pul Biber und 1 EL Salz unter das Paprika-Tomatenmus rühren.

Anmerkung – Die hier aufgeführten Zusammensetzungen der Gewürzmischungen können je nach Hersteller variieren.

Ashta .... arabische Puddingfüllung, die für viele arabische Desserts genutzt wird, z.B. zum Befüllen, Verzieren etc.. Sie besteht aus mit Stärke angedickter Milch und Zucker.

Berbere-Gewürzmischung .... Paprika, Koriander, Knoblauch, Ingwer, Zwiebeln, Muskatnuss, Nelken, Cayennepfeffer, Bockshornkleesamen, Kardamom

(Döner-)Baharat .... Gewürzmischung aus Paprika edelsüß, Kreuzkümmel, schwarzem Pfeffer, Ceylon-Zimt, Gewürznelken, Muskatnuss, Kardamom, Koriander, Cayenne

Ghee .... Butterschmalz

Kabsa-Gewürzmischung .... Koriander, Pfeffer schwarz, Kümmelsamen, Ingwer, Kardamom grün, Nelken, Muskatnuss

Kabsi-Gewürzmischung .... Koriander, Kreuzkümmel, Kardamom, Senf, Galgant, Zitrone, rote Chili

Kashk .... getrockneter Joghurt vom Schaf, z.T. mit Weizenschrot zu einem weißen Brei aufbereitet und gewürzt. In der persischen Küche wird Kashk zu Gemüse gegessen, so zum Beispiel mit gekochten oder gegrillten Auberginen als Kashk e Bademjan.

Limo Amani .... getrocknete Limetten, eine besondere Zutat der orientalischen Küche. Man nutzt sie dort, um z. B. Fleisch oder Fischgerichte zu verfeinern. Besonders gut eignen sie sich für Schmorgerichte. Der Geschmack ist leicht säuerlich. Sie haben ein sehr feines Limettenaroma und einen erfrischenden Duft. Limo Amani bekommt man in orientalischen Supermärkten oder im Internet. In den Golfstaaten werden dazu reife Limetten in Salzwasser gekocht und in der Sonne getrocknet, bis sich das Innere dunkel färbt. Man kann die Früchte vor der Verwendung einfach mit einem Spieß durchbohren, zerdrückt sie oder lässt sie einfach ganz.

Lezzet Tuz .... Gewürzsalz (Lezzet = Geschmack, Tuz = Salz) bestehend aus Salz, Kurkuma, Senfmehl, Karotten, Koriander, Dextrose, Knoblauch, Majoran, Basilikum

Malhab .... gemahlener Keimling aus dem Kern der Felsen- oder Weichselkirsche

Mandi-Gewürzmischung .... getrockneter Knoblauch, Harissa, gemahlener Koriander, Kurkuma, roter Pfeffer

Pul Biber .... getrocknete und zerstoßene milde oder auch scharfe Paprika (Chili)

Shan Malay Chicken Biryani Mix ... Gewürzmischung, die ursprünglich aus der malaysischen Küche stammt. Sie enthält in der Regel Erdnüsse, Paprika, Salz, rote Chilis, Schwarzkümmel, Sternanis, Kreuzkümmel, Zimt, schwarzen Pfeffer, Nelke, Kurkuma und Knoblauch. Die Gewürzmischung ist in asiatischen Supermärkten erhältlich.

Shiro .... Gewürzmischung aus Kichererbsen, Basilikum, Pfeffer, Kardamom, Kreuzkümmel, Knoblauch, Bockshornklee, Zwiebeln, Muskatnuss, Zimt, Salz; erhältlich im Internet

Sieben-Gewürze-Mischung .... Pfeffer, Piment, Boxhornklee, Nelken, Muskatnuss, Zimt, Ingwer

Sumach .... fruchtig-säuerliches Pulver aus den gemahlenen Steinfrüchten der Sumach-Pflanze.

Raz el Hanout/Ras el Hanout......... Gewürzmischung aus schwarzem Pfeffer, Kurkuma, Kardamom, Paprika, Ingwer, Ceylon-Zimt, Paradieskörnern, Piment, Lavendelblüten, Rosenblütenblätter, Fenchelsaat, Gewürznelken, Cayenne; wörtlich übersetzt heißt der Name "Chef des Ladens". Es gibt auch Varianten mit Kreuzkümmel, Koriander, Bockshornsaat und Knoblauch. Die feine Gewürzmischung aus Marokko entstammt der Tradition der Gewürzbasare, in denen jeder Händler versuchte, den anderen mit einer besonders exquisiten Mischung edler Gewürze zu übertreffen. So kommt es, dass in Marokko und anderen Ländern der arabischen Welt etwa so viele Raz el Hanout-Rezepte zu finden sind, wie es Gewürzhändler gibt.

Tahini .... Paste aus geröstetem Sesam; manchmal auch Tahin genannt.

Teffmehl .... auch unter dem Namen Zwerghirse bekannt, ist im Internet erhältlich. Es eignet sich am besten für Injera, da dieses dann nussig und leicht süßlich schmeckt und nicht so sauer, wie die Variante mit Weizen- und Maismehl.

DIE STUDIERENDEN

Carina Panzer

Christine Köster

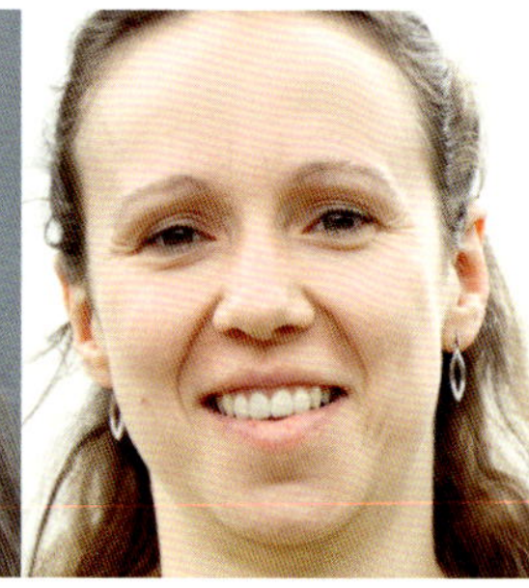
Ilka Sinowzik

Jana Hielscher

Patrick Christophersen

Phillip Wilhelms

Sibylle Meldau

Sofie Krause

Julia Wahnung

Torben Rode

Antonia Lützen

Sophie Rosenkranz

FOTOGRAFEN

Christoph Walther

Ariane Reichardt

Anuschka Walther

Togha

Herwig Lührs

Ilka Mamero

DOLMETSCHER

Mahmoud

Bilal

Tannaz

LADENGESCHÄFTE... eine kleine Auswahl

Erden Market
Gründgenstraße 26
22309 Hamburg
040 / 64862048

Hayul Arab
Böckmannstraße 24
20099 Hamburg

Lindenbazar
Lindenbazar 41
20099 Hamburg
040 / 28052213 - 14

NOOR Market
Manshardtstraße 109
22119 Hamburg
040 / 35967744

Öncü Supermarkt
Billstedter Hauptstraße 49
22111 Hamburg
040 73127838

Supermarkt Persepolis
Steindamm 81
2069 Hamburg

Sönmez
Steindamm 8
20099 Hamburg
040 / 24 54 84

Sönmez
Steindamm 33
20069 Hamburg
040 / 24 46 84

Onur
Fuhlsbüttler Str. 125-127
22305 Hamburg
040 / 6902110

GEFÖRDERT UND UNTERSTÜTZT VON

Stiftungen für Hamburg – Fonds „Flüchtlinge & Ehrenamt"
Verwaltung, Koordination und Öffentlichkeitsarbeit: BürgerStiftung Hamburg
Schopenstehl 31
20095 Hamburg

PX2@ Medien GmbH & Co. KG
Speersort 1
20095 Hamburg

travelite - GmbH & Co. KG
Merkurring 70-72
22143 Hamburg

TITAN Hamburg GmbH
Merkurring 70-72
22143 Hamburg

Druckerei Weidmann GmbH & Co KG
Alsterdorfer Straße 202
22297 Hamburg